축구의 문화사

차례
Contents

제1부

유럽의 명 리그

세계 최고의 프로리그, 세리에 A

빵 대신 축구를

세계 최고의 리그. 이탈리아의 프로축구리그 세리에 A를 가리키는 말이다. 최근 몇 년간 이탈리아 축구가 국제대회에서 저조한 성적을 보이는 등 슬럼프에 빠져 있기는 하지만 여전히 세리에 A는 델 피에로(Alessandro Del Piero), 인자기(Filippo Inzhagi), 토티(Francesco Totti), 말디니(Paulo Maldini), 비에리(Christian Vieri), 부폰(Gianluigi Buffon) 등의 이탈리아 스타와 셰브첸코(Andriy Shevchenko), 레코바(Alvaro Recoba), 네드베드(Pavel Nedved), 크레스포(Hernan Crespo), 카카(Kaka) 등 세계 각지에서 모여든 최고의 스타들이 있는 최고의 리그이다.

이탈리아에서 축구는 생활의 일부이다. "우린 빵 대신 축구를 원한다"고 외치는 일반 서민들은 말할 것도 없고 유명 정치인들, 재계의 총수들, 심지어 마피아 보스들까지……. 이탈리아에서 축구와 연관되지 않는 사람은 단 한 사람도 없다. 1930년대 무솔리니가 대중적 인기를 누릴 수 있었던 것도 1932년 이탈리아 월드컵 등 축구를 적절히 이용할 줄 알았기 때문이었고, 1990년대의 미디어 재벌 베를루스코니(Silvio Berlusconi)가 수상에 오를 수 있었던 것도 자신이 소유하고 있던 AC 밀란 축구단의 인기에 편승했기 때문이었다. 이처럼 이탈리아에서 축구가 가지는 힘은 그야말로 절대적이다.

이탈리아 축구의 역사

'축구의 종가'라 자처하는 영국과 전세계인들의 생각과는 상관없이 많은 이탈리아 사람들은 이탈리아야말로 축구의 진정한 기원지라고 굳게 믿고 있다. 이탈리아 피렌체에서는 16세기 축제 기념일에 정기적으로 칼초(calcio, '공차기'라는 뜻) 경기가 행해졌다. 이는 백 명에 가까운 선수가 모여 사람의 두개골이나 동물의 방광을 부풀려 만든 공을 발로 차거나 주먹으로 쳐서 앞으로 전진하는 형태의 거친 경기였다. 칼초의 백미는 경기 당일 시청 광장에 가득 모인 관중이 형형색색의 화려한 깃발을 가지고 자기 팀 선수를 응원하는 응원전이었다. 이탈리아 사람들은 오늘날까지도 매년 재현되고 있는 이 카니발이야말로 영국보다 몇백 년 앞선 축구의 기원이자 오늘날 서포터 문화의 시초라는 말을 하고 있다.

이탈리아에서 진정한 의미의 근대적 축구가 시작된 것은

18세기 무렵으로 영국인 선원과 상인들에 의해 전파되면서부터였다. 당시 무역이 활발했던 밀라노와 제노바 등 북쪽에 있는 도시들을 중심으로 영국인들이 축구를 선보이기 시작했고 여기에 영향을 받아 축구팀들이 하나둘씩 생겨났다. 당시 축구팀 중 몇몇은 아예 영국인에 의해서 설립된 것도 있었는데 AC 밀란이나 제노아가 그러한 경우였다. 이 두 팀의 연고지가 이탈리아어 표기로 밀라노(Milano)와 제노바(Genova)임에도 축구팀 이름은 영어식 표기인 밀란(Milan)과 제노아(Genoa)를 따르게 것은 이러한 이유에서이다. 이탈리아 학생들에 의해서 설립된 유벤투스 역시 유니폼에서만큼은 영국의 노츠 카운티(Notts County)의 흑백 줄무늬 유니폼을 똑같이 본뜨는 등 초창기 이탈리아 축구는 그 어느 나라보다도 영국에서 많은 영향을 받았다.

이탈리아에서 전국적 규모의 축구대회가 열리기 시작한 것은 1898년부터로, 영국으로부터 '정통파' 축구를 전수받은 영국계 클럽들이 단연 압도적 강세를 보였다. 영국인 제임스 스펜슬리(James Spensley) 박사가 설립한 제노아가 첫 시즌이었던 1898년부터 1904년까지 자그마치 여섯 번이나 우승을 차지한데 이어, 1901년에는 AC 밀란이 창단 2년 만에 첫 우승을 차지하는 등 '영국계'는 계속해서 절대적인 우위를 지켜나갔다. 1905년이 되어서야 비로소 '토종' 클럽이 우승할 수 있었는데, 그 주인공은 오늘날 이탈리아리그 최다 우승에 빛나는 유벤투스였다.

북부, 중부, 남부로 나뉜 플레이오프를 통해 우승자를 가리던 이탈리아 프로축구는 1929년 전국 리그가 시작되고 1934년 월드컵에서 우승하면서 비약적인 발전을 이룩하는데, 여기에는 '이탈리아 축구의 아버지'라 불리는 포쬬(Vittorio Pozzo) 감독의 영향이 누구보다 컸다. 축구의 본고장 영국에서 활동한 경험이 있는 포쬬는 당시 라이벌이었던 헝가리, 체코슬로바키아, 오스트리아에 비해 한참 낙후되어 있던 이탈리아 국가대표팀에 처음으로 '전술' 개념을 도입하기 시작했다. 그는 당시로서는 획기적인 공격형 센터하프(attacking centre-half, 중앙 수비수이면서 공격수에게 공을 연결하는 역할을 하는 선수. 현대 축구의 링커(linker)와 비슷한 포지션)의 개념을 도입했고, 여기에 이탈리아에서 가장 거친 선수로 악명이 높았던 몬티(Luisito Monti)를 배치하면서 팀의 골격을 갖추어나갔다.

포쬬 감독은 교외의 한적한 곳에 대표팀 합숙소를 차려놓고 선수들을 맹훈련시키면서 1934년 유럽에서 처음 열리는, 또한 조국 이탈리아에서 열리는 월드컵을 차분하게 준비해나갔다. 경기 도중 상대방의 코뼈쯤은 능사로 부러뜨리는 몬티의 터프한 중앙 수비, 전광석화 같은 스피드를 자랑하는 아르헨티나 출신의 구아이타(Guaita)와 오르시(Orsi)의 좌우 측면 돌파, 그리고 무엇보다 당시 최고의 골잡이로 명성이 높았던 '페피뇨(Peppino)' 메짜(Giuseppe Meazza)의 공격력이 포쬬가 준비한 무기들이었다.

당시 대부분의 사람들은 화려한 공격 축구를 앞세운 오스트리아나 체코슬로바키아가 당연히 우승컵을 차지할 것이라

믿었지만 이들이 자랑하던 공격수들은 터프함을 앞세운 몬티의 거친 수비를 당해내지 못했다. 결국 이탈리아는 준결승에서 오스트리아를 1-0, 결승에서 체코슬로바키아를 2-1로 꺾는 파란을 일으키면서 홈에서 월드컵 우승을 차지했다.

이탈리아의 월드컵 우승은 (정치적 측면에서) 당시 파시스트 당 총수였던 무솔리니의 영향력을 증대시켰다는 점 때문에 크게 비판을 받았지만, (축구에 있어서는) 전국 주요 도시에 최고 수준의 축구경기장이 생기는 계기가 되었다는 점에서는 분명 크나큰 축복이었다. 세계 최고의 기반 시설을 바탕으로 이탈리아리그는 더욱더 발전하게 되었고, 포쪼가 이끄는 아주리 군단은 메짜를 제외한 대부분의 선수를 교체하고도 1938년 다시 한번 월드컵 우승을 차지했다. 이로써 이탈리아 축구는 최고의 전성기를 맞는다.

수페르가의 비극

1940년대에 들어서 이탈리아리그에서는 유벤투스와 같은 연고지에 자리잡은 토리노가 급부상하기 시작했다. 1943년 우승에 이어 1946년부터 1949년까지 4회 연속 우승을 차지한 토리노는 '마법의 팀(Squadra di Magia)'으로 불리며 팀 창설 이래 최고 정점에 올랐다. 그러나 갑자기 뜻하지 않은 비극이 발생하고 만다. 바로 친선경기를 마치고 돌아오던 토리노 선수단을 실은 비행기가 추락한 사건이다. 이 사고로 상당수의 국가대표가 포함되어 있던 선수 전원이 사망했고, 이탈리아 축구계 전체가 크나큰 타격을 받게 된다. '수페르가(Superga)의 비극'으로 명명된 이 사건으로 인해 토리노를 비롯한 전국 각지에는 조기가 게양됐다.

그러나 이러한 뜻하지 않은 사고로 상당수의 스타플레이어를 잃은 이탈리아리그를 위기에서 살려낸 것은 종전 후 불어닥친 경제발전이었다. 국내 스타들이 대거 사라진 상황에서 자금력에 여유가 생긴 팀들은 해외로 눈을 돌리기 시작했고 마침 무솔리니의 퇴장으로 선수 수입도 자유로워지면서 선수 수입 경쟁이 본격화됐다. 특히 이 경쟁에 가장 앞장섰던 것은 파시즘 체제 하에서 적대국인 영국계 클럽이라는 이유로 유무형의 불이익을 겪어온 AC 밀란이었다.

AC 밀란은 1948년 올림픽에서 스웨덴이 우승을 차지하자 곧바로 스웨덴으로 날아가 공격진을 통째로 사왔는데, 이들이 바로 그 유명한 '그레노리 트리오(Gre-No-Li Trio)', 즉 그렌(Gunnar Gren), 놀달(Gunnar Nordahl), 리트홀름(Nils Liedholm)의 스웨덴 삼총사였다. 이들의 활약으로 1951년, 무려 44년 만에 감격의 리그 우승을 차지한 AC 밀란은 여세를 몰아 우루과이 최고의 스타이자 1, 2회 월드컵 연속 우승의 주역 스키아피노(Juan Schiaffino)와 브라질의 '득점기계' 알타피니(José Altafini)까지 영입하며 다시 1950년대에만 세 차례의 우승을 더 거두었다.

빗장수비의 탄생과 울트라의 등장

바로 이 시기에 AC 밀란의 숙명적인 라이벌인 인터 밀란에 의해 이탈리아의 그 유명한 칸테나치오(Cantenaccio), 즉 빗장수비가 탄생했다. 아르헨티나 출신의 에레라(Helenio Herrera) 감독의 머릿속에서 나온 이 빗장수비는 포백(4-back)의 강력한 맨투맨 방어 뒤에 한 명의 스위퍼를 더 포진시켜 사실상 다섯 명의 수비수를 운영하는 극단적인 수비전술이었는데 인터 밀란은 이 전술을 바탕으로 1960년대에 대성공을 거둘 수 있었다.

인터 밀란의 성공에 고무된 다른 이탈리아팀들은 너도나도 빗장수비를 채택했다. 이에 따라 이탈리아리그에서는 경기의 득점이 대폭 줄어들고 흥미가 반감되는 등의 부작용이 뒤따랐다. 하지만 이들 전술을 앞세운 밀라노의 두 라이벌 클럽인 AC 밀란과 인터 밀란은 유럽의 각종 컵 대회를 모두 휩쓸면서 최고 전성기를 누리게 됐다.

정치색이 강하기로 유명한 이탈리아의 서포터인 울트라(Ultras)가 등장하기 시작했던 것도 이 시기로, 1968년 AC 밀란의 서포터인 라 포싸 데 레오니(La Fossa dei Leoni, 세 마리 사자의 굴)가 조직되면서부터였다. 전통적으로 인터 밀란이 주로 우파성향을 가진 중상류층의 지지를 받은 반면 AC 밀란은 좌파성향이 강한 젊은 노동자들이 주를 이루었는데, 서포터들도 그 성향을 그대로 답습하게 되었다.

정치적으로 혼란했던 당시, 노동자층이 주를 이룬 AC 밀란의 서포터들은 각종 총파업이나 반체제시위 등에 참여하는 경우가 많았다. 자연히 AC 밀란의 서포터들은 노조나 조그만 정치 모임 등으로 상당히 조직화되어 있었고 집단행동에 훨씬

익숙한 상태였다. 이런 환경에서 잉글랜드의 서포터 문화를 보고 충격을 받은 이들은 자신들도 저런 형태의 조직화된 응원을 해보기로 결심하기에 이른다. 이들은 영국처럼 골대 뒤쪽의 구역(curva)을 차지하고 90분 내내 서서 응원을 하기 시작했다. 그러나 그 모습은 영국의 것과는 사뭇 다른 것이었다. 당시 이탈리아에서는 '울트라'라 불리는 극좌파들이 군복형태의 통일된 옷을 입고 양철북 장단에 맞춰 구호를 외치며 반체제시위를 벌이는 경우가 많았는데, 서포터들이 이런 모습을 축구장에서 그대로 재현했던 것이다. 시위대처럼 엠블럼을 부착한 통일된 군복을 입고, 역시 시위대처럼 북의 박자에 따라 구호를 외치며 응원을 하는 과정에서, 정치구호가 응원구호로, 당기(黨旗)가 응원기로 서서히 바뀌었다. 결국 이러한 응원형태는 '꾸르바(curva) 서포트' 혹은 '울트라 서포트'로 불리며 점차 이탈리아 고유의 응원형태로 자리잡았다.

한편 자국의 각종 클럽팀들의 성공이 계속되면서 이탈리아 축구계는 자신이 세계 최고라는 자만에 빠졌고, 그 성공이 바로 외국 선수들의 눈부신 활약에 의해 이루어졌다는 점을 서서히 잊어갔다. 그리고 그 자만감 속에 정작 이탈리아 대표팀은 점차 대외적인 경쟁력을 잃어갔다. 1962년 칠레 월드컵에서 저조한 성적을 거두면서 술렁이기 시작한 이탈리아 축구계는 뒤이은 1966년 잉글랜드 월드컵에서 1-0으로 북한에게 믿을 수 없는 패배를 당해 예선 탈락하자 온통 충격에 휩싸였다. 공항으로 귀국하는 국가대표선수들에게 썩은 토마토 세례가

쏟아지는 가운데 이탈리아 내부에서는 변화의 목소리가 높아졌고, 결국 외국인 선수들의 수입을 전면 금지하는 극단적인 조치가 내려지게 된다.

외국인 선수들의 수입 금지 조치로 덕을 본 것은 그간 쟁쟁한 용병들의 그늘에 가려 있던 이탈리아의 젊은 기대주들이었다. 신예들이 주전 자리를 확보하면서 AC 밀란의 '달리는 전차' 리베라(Gianni Rivera)와 인터 밀란이 자랑하던 '중원의 사령관' 마졸라(Sandro Mazzola) 같은 슈퍼스타가 탄생했고, 이탈리아 축구는 1968년 유럽 선수권에서 우승하는 등 예전의 경쟁력을 회복하는 것처럼 보였다. 그러나 이 조치는 단기적인 효과를 가져오는 데는 성공했지만 장기적으로는 오히려 이탈리아 축구의 전력을 반감시키는 부작용을 가져오고야 말았다. 외국 선수들과의 경쟁 없이 '우물 안 개구리' 신세가 되자 이탈리아 선수들의 창조적인 경기 능력은 점점 사라지기 시작했고 전술적 변화에도 둔감해질 수밖에 없었다.

1970년 월드컵에서 펠레(Pele)와 자일징요(Jairzinho)가 이끄는 '삼바군단' 브라질에게 패한 이탈리아는 다시 1974년 월드컵에서도 크루이프(Johan Cruyff)가 이끄는 네덜란드의 '토탈사커'에 의해 완패를 당하고 만다. 공격 축구 중심으로 발빠르게 변하고 있는 세계 축구의 흐름에 둔감한 채 이미 낡을 대로 낡은 빗장수비 하나만을 지나치게 믿은데 따른 값비싼 대가였다.

위기에 빠진 이탈리아 축구를 되살린 것은 최고 명문 유벤투스였다. 1972년부터 1986년까지 아홉 번이나 우승을 차지한 유벤투스는 로시(Paulo Rossi), 베테가(Roberto Bettega), 타델리(Marco Tardelli) 같은 국가대표를 꾸준하게 배출하며 이탈리아가 1978년 아르헨티나 월드컵에서 4위를 차지하는 데 크게 이바지했다. 그리고 이들 멤버들을 바탕으로 이탈리아는 마침내 1982년 스페인 월드컵 결승에서 서독을 3-1로 물리치고 세 번째 월드컵을 차지하게 된다.

아트사커의 지휘자 플라티니와 신이 내린 왼발 마라도나

외국 선수들에 대한 수입 금지가 해제된 것도 이 시기이다. 이 조치로 인해 이탈리아리그는 다시 세계 축구의 중심으로 떠오르게 됐다. 수많은 세계 최고의 축구선수들이 다시 이탈리아 땅을 밟았다. 그 중에서도 가장 빛나는 별은 유벤투스의 플라티니(Michel Platini)와 나폴리의 마라도나(Diego Maradona)였다. 1980년대 아트사커의 지휘자 플라티니는 '얼룩말 군단' 유벤투스를 이끌고 이탈리아리그뿐만 아니라 유럽의 각종 대회에서도 정상에 오르며 이탈리아 프로축구를 최고의 자리에 올려놓았다.

그러나 플라티니의 이러한 맹활약도 나폴리에서 마라도나가 이룩한 업적에는 비할 수 없는 것이었다. 플라티니가 이미 스타플레이어가 즐비했던 최고 명문구단 유벤투스에서 성공을 이룩한 반면 마라도나는 그때까지 우승이라고는 단 한 번도 해본 적이 없는 시골의 약체팀을 혼자 힘으로 유럽 최정상에 올려놓았기 때문이다. 그야말로 만화에나 나올 법한 마라도나의 이 신화 같은 이야기는 아직까지도 이탈리아리그에서 전무후무한 전설로 남아 있다.

마라도나의 나폴리 입성은 그 시작부터 평범치 않았다. 나폴리 구단의 재정기반이 너무 취약한 탓에 이적료가 부족하자 팬들이 직접 성금을 모아 부족한 금액을 충당했다. 또, 마라도나를 부에노스아이레스로부터 데리고 올 때 다시 한번 성금을 모아 전용기를 띄웠다. 이처럼 마라도나에 대한 나폴리 팬들의 기대와 사랑은 상상을 초월하는 수준이었다. 마라도나는 여기에 보답이라도 하듯 신이 내렸다는 그의 천재적인 왼발을 이용해 나폴리 팬들의 꿈을 실현시켜주었다. 클럽 창설 후 60년 동안 단 한 번도 우승을 차지하지 못한 나폴리가 1987년 마라도나의 맹활약에 힘입어 사상 처음으로 이탈리아리그에서 우승을 차지하는 기적이 연출된 것이다. 유벤투스, AC 밀란, 인터 밀란 등 기라성 같은 북부 클럽들을 모두 따돌린 채 남부의 그야말로 '촌동네 팀'인 나폴리를 이끌고 마라도나가 이룩한 우승은 단순한 리그 타이틀 이상의 의미를 지니는 대사건이었다. 북부에 비해 형편없는 경제사정에다가 '마피아의 본거지'라는 오명을 쓰고 살아가던 남부의 소도시 나폴리에게 리그 우승은 자신들의 역사를 새롭게 쓰는 혁명이었다. 사람들은 축구팀의 마스코트인 노새를 길에 풀어놓은 채 축제를 벌였고 그 열기는 자그마치 3일 밤낮이 넘도록 계속됐다. 이후 마라도나가 이끄는 나폴리는 다시 한 차례의 리그 우승을 거머쥐었고, 1989년에는 UEFA컵을 차지하는 등 최고의 전성기를 누렸다.

수비 축구에서 공격 축구로

남부에서 이러한 광란의 축제가 계속되고 있을 때 북부의 명문팀 AC 밀란은 창단 이래 최대의 위기를 겪고 있었다. AC 밀란은 승부조작 사건의 후유증으로 2부 리그에 떨어지면서 재정파탄을 맞았고 급기야 부도 위기에 직면했다. AC 밀란을 이 위기에서 벗어나게 해준 구세주가 현재 이탈리아 수상이기도 한 실비오 베를루스코니였다. 이탈리아 내 최고의 미디어 재벌이자 AC 밀란의 열렬한 팬이었던 베를루스코니는 뇌물 스캔들로 고전하던 시기에 정치적 돌파구를 마련하기 위해 전격적으로 AC 밀란을 인수했고, 이후 팀 재건을 위해 엄청난 양의 자금을 쏟아붓기 시작했다.

베를루스코니는 당시 무명이었던 사치(Arigo Sacchi) 감독을 기용했고, 이어 선수 영입을 위해 그에게 400억 원이라는 천문학적인 돈을 쥐어주었다. 사치는 이 돈으로 당시 이적료 신기록을 세우며 네덜란드의 '오렌지 삼총사'를 영입하는 결단을 내린다. 레이카르트(Frank Rijkaard), 굴리트(Ruud Gullit) 그리고 반 바스텐(Marco Van Basten)의 오렌지 삼총사들은 바로 네덜란드에 1988년 유럽 선수권 우승이라는 사상 첫 국제대회 타이틀을 가져다준 당대 최고의 선수들이었다.

한편 '언변의 귀재' 사치 감독은 이탈리아 전통의 수비 축구인 '카테나치오'를 버리고 이들 오렌지 삼총사를 축으로 한 '환타지아(Fantasia)', 즉 '환상'이라는 이름으로 불린 공격 축구를 도입하면서 팀의 이미지를 완전히 바꿔놓는 데 성공했다. '위대한 리베로' 바레시(Franco Baresi)가 수시로 공격에 가담하는 가운데 '세계 최고의 윙백' 말디니는 측면에서 공수에 걸친 맹활약을 펼쳤다. AC 밀란에게 있어 수비 축구는 이제 옛말이었다. 그리고 이 대대적인 변신으로 인해 AC 밀란은 1988년 9년 만의 세리에 A 우승을 거둔 후, 다음해에는 챔피언스컵 준결승에서 레알 마드리드를 자그마치 5-0이라는 기록적인 스코어로 완파하며 우승을 차지했다.

공격 축구를 도입한 뒤 거둔 AC 밀란의 성공은 라이벌 인터 밀란을 비롯한 다른 클럽들에게 엄청난 충격이었다. 인터 밀란은 AC 밀란의 오렌지 삼총사에 맞서기 위해 '독일인 삼총사' 마테우스(Lothar Matthaus)-클린스만(Jürgen Klinsmann)-브레메(Andreas Brehme)를 수입했고, 다른 팀들도 카테나치오 대신 지역방어를 바탕으로 한 공격 축구를 채택했다. 이로써 이탈리아리그는 창설 이후 최고의 활황을 맞는다. 매 경기마다 손에 땀을 쥐게 하는 골 공방전이 펼쳐지자 팬들은 열광했고 경기장은 관중으로 가득 찼다. 여기에 자국에서 개최되는 1990년 월드컵에 대한 기대감까지 겹치면서 이탈리아의 축구 열기는 절정에 이르렀다.

1990년 월드컵 당시 어느 누구도 홈팀 이탈리아의 우승을 의심치 않았다. 피오렌티나의 떠오르는 샛별 바지오(Roberto

Baggio)와 AC 밀란이 자랑하는 최고의 지역수비, 거기에 혜성처럼 등장한 스킬라치(Salvatore Schillaci)의 골 결정력까지 겸비한 이탈리아는 전 포메이션에 걸친 안정된 전력을 자랑하고 있었기 때문이었다. 그리고 무엇보다 세계 제일의 열기를 자랑하는 이탈리아 팬들의 광적인 응원은 홈팀 이탈리아가 가진 최고의 무기였다.

그러나 이탈리아의 우승계획에 있어서 그 누구도 생각지 못한 변수는 바로 마라도나가 이끄는 아르헨티나와의 준결승전이었다. 우승을 목표로 하는 이탈리아가 전 대회 우승국인 아르헨티나와 한 차례 맞부딪쳐야 한다는 것은 이미 각오한 바였으나 문제는 바로 경기 장소였다. 준결승 장소가 하필 마라도나의 '제2의 고향'이나 다름없는 나폴리였던 것이었다.

'나폴리의 신'이었던 마라도나가 이를 놓칠 리 없었다. 그는 경기 하루 전날 나폴리 시민들에게 "북부의 앞잡이인 이탈리아를 응원하지 말고 남부의 친구인 나의 아르헨티나를 응원해달라"는 황당한 호소를 한다. 다른 나라 같으면 먹혀들지 않을 테지만 이탈리아 내에서 오랜 차별과 무시를 당해왔던 나폴리에서는 그렇지 않았다. 상당수의 나폴리 사람들은 실제로 경기 당일 마라도나의 이러한 요구에 따라 아르헨티나를 응원했고, 나머지 사람들도 아르헨티나를 직접적으로 응원하지는 않더라도 최소한 이탈리아를 응원하지 않음으로써 마라도나에 대한 '의리'를 지켰다. 결국 이탈리아는 최대의 무기로 믿고 있었던 응원의 힘을 제대로 한번 써보지도 못하고 아르헨티나에게 승부차기로 패해 4회 우승의 꿈을 접어야만 했다.

1990년 월드컵에서의 좌절은 쓰라린 것이었지만 클럽 순위에 있어서 이탈리아는 여전히 유럽 최고의 자리를 누렸다. 사치 감독의 후임으로 AC 밀란에 부임한 카펠로(Fabio Capello) 감독은 1992년 이탈리아 축구 역사에 있어 사상 최초의 무패 우승이라는 전대미문의 대기록을 세웠으며 1994년 유럽 챔피언스리그 결승에서는 오렌지 삼총사 없이도 바르셀로나를 4-0이라는 역사적 스코어로 완파하며 우승을 거두었다. 1989년부터 1995년까지 모든 유럽 3대컵 결승에 최소한 두 개 이상의 이탈리아 클럽들이 오를 정도로, 1990년대 중반까지 이탈리아 프로축구의 강세는 계속됐다.

한편 AC 밀란의 감독직에서 물러난 사치 감독은 국가대표 아주리 군단의 지휘봉을 잡고, 절정기에 오른 바지오를 앞세워 1994년 미국 월드컵에 나섰다. 4년 전의 풋내기에서 팀의 기둥으로 변신한 바지오는 매 경기 맹활약을 펼치며 조국을 결승에까지 진출시켰지만 정작 가장 중요한 결승 승부차기에서 뼈아픈 실축을 하며 눈물을 삼켜야만 했다.

그러나 1994년 미국 월드컵을 정점으로 이탈리아 축구는 국제무대에서 하향세를 그리게 됐다. 1998년 프랑스 월드컵에서 4강 진입에 실패한 것을 비롯해 2002년 월드컵에서는 예선에서의 계속된 부진 끝에 결국 16강전에서 한국에 패하며 1966년 월드컵의 악몽을 다시 재현하는 등 예전의 화려한 위용에 걸맞지 않다는 평가가 나오고 있는 실정이다.

이와 관련해 전문가들은 많은 분석을 내놓고 있다. 그 중 잉글랜드의 TV수익과 분데스리가의 앞선 마케팅 기법, 스페인 축구의 구름 관중이 가져오는 입장수익에 비해 이탈리아 축구의 재정 수입구조가 취약하다는 의견이 많다. 재정난으로 2002~2003년 프로시즌 개막일이 한 달 연기된 것 역시 이러한 이탈리아 축구의 현실을 반영하는 것이라 할 수 있다. 그러나 보다 근본적으로는 이탈리아가 현대 축구의 흐름을 따라가지 못하는 것이 문제이다. FIFA는 보다 공격적인 축구를 유도하기 위해 계속적으로 각종 규칙을 개정하고 있는 반면 이탈리아 축구는 여전히 수비 중심의 전술로 한 골을 넣은 뒤 골문을 굳게 잠그겠다는 생각을 버리지 못하고 있기 때문이다. 공격 축구를 지향하는 현대 축구에서 더 이상 한 골을 넣고 잠그겠다는 전술만이 능사가 아님을 이탈리아는 비싼 수업료를 내며 배우고 있는 중이다.

세리에 A 운영방식

이탈리아리그인 리가 칼초(Lega Calcio)는 최상위 리그이자 1부 리그인 세리에 A와 그 밑의 세리에 B, 세리에 C1, 세리에 C2 그리고 세리에 D로 구성되어 있다. 1부 리그는 통상 '세리에 에이'라고 많이 불리긴 하지만 정식 발음은 이탈리아 식인 '세리에 아'이다. 세리에 A는 1967년부터 1987년까지 16개 팀으로 운영되다가 꾸준히 1부 리그 참가팀 수를 늘렸고, 1987~1988년 시즌부터는 두 개 팀을 늘려 현재까지 18개 팀으로 운영되고 있다.

3부 리그에 해당하는 세리에 C1은 전국 리그가 아닌 지역 리그로 운영되며 세리에 C1의 경우 '지로느(Girone)'라 불리는 남북의 두 개 권역, 세리에 C2는 세 개의 권역, 세리에 D는 아홉 개의 권역으로 나뉜 피라미드 형태로 운영되고 있다. 매년 1부 리그의 하위 네 개 팀과 2부 리그의 상위 네 개 팀이 서로 자리를 맞바꾸고, 2부 리그의 하위 네 개 팀과 3부 리그의 A조 1, 2위, B조 1, 2위 팀이 서로 자리바꿈을 한다.

총 34게임을 치러 승점이 가장 높은 팀이 우승을 차지하는데 시즌이 끝난 뒤 승점이 같을 경우에는 골득실에 의해 순위를 가린다. 세리에 A 우승을 차지한 팀은 그 이듬해 유니폼에 방패 모양의 이탈리아 국기를 부착할 권리를 얻게 되는데 이것이 바로 스쿠뎃토(Scudetto)이다. 이는 1944년과 1945년 제2차세계대전으로 인해 리그가 2년 중단된 이후부터 시작된 전통이다. 오늘날 스쿠뎃토는 리그 우승 자체를 가리키는 하나의 고유명사처럼 사용되고 있다.

한편 하위 리그로의 강등이나 상위 리그로의 승격 혹은 우승팀 구분이나 유럽 클럽 대항전 진출 자격과 같은 사안이 걸린 경우, '스파레지오(Spareggio)'라고 불리는 독특한 플레이오프를 통해 순위를 가리게 된다. 플레이오프는 보통 홈 & 어웨이 방식으로 두 경기를 치르는 것을 기본으로 하고, 승리한 팀에게 승점 3점을 주고 무승부일 경우에는 1점을 준다.

세계에서 가장 과학적인 리그, 분데스리가

독일 축구의 힘

세 번의 월드컵 우승과 세 번의 유럽 선수권 우승. 그 화려한 기록은 독일 축구의 모든 것을 말해준다. 유럽의 그 어떤 나라도 제2차세계대전 후 국제무대에서 독일이 거둔 영광에 범접하지 못하고 있다.

천문학적인 액수를 들여 영입한 대형 스타들이 즐비한 이탈리아 세리에 A와 스페인의 프리메라리가, 잉글랜드의 프리미어리그에 비해 요즘 분데스리가는 1970년대 유럽 대회를 싹쓸이했던 전성기보다 무게감이 떨어진다는 평을 받고 있다. 그러나 이번 한일 월드컵에서 나타났듯 여전히 독일 국가대표팀은 국제무대의 최강자 중 하나이며 바이에른 뮌헨, 도르트문트, 레버쿠젠 같은 분데스리가 팀들도 유럽 각 컵 대회에서 매년 좋은 성적을 거두고 있다.

스타플레이어 없이도 국제무대에서 독일 축구가 늘 경쟁력을 갖는 이유, 그것은 바로 세계에서 가장 체계적이고 가장 과학적이라는 분데스리가의 역할이 절대적이다. 독일축구협회에 정식 등록된 축구선수는 세계에서 가장 많은 530만 명으로 집계된다. 이는 동네 운동장에서 공을 차는 아마추어팀의 선수에서부터 분데스리가의 프로선수들까지 모두 각자의 수준에 맞춰 정식으로 선수생활을 하고 있다는 것을 뜻한다. 이들은 자신의 기량에 맞춰 매주 리그 경기를 소화하고 각 시즌이 끝난 후에는 리그 성적에 따라 승격과 강등을 거치는 피라미드형 구조를 이루고 있다. 그리고 아마추어 팀에서조차 활발한 선수 간 트레이드를 통해 상위 리그에 꾸준하게 선수를 육성, 발굴, 수급하는 역할을 수행하고 있다. 이처럼 독일 전역에 걸친 풀뿌리 축구조직을 분데스리가라는 큰 줄기로 엮고 여기에 국가대표팀이라는 알찬 열매가 맺히도록 하는 것이 독일 축구의 진정한 힘이다.

스위스 월드컵을 시작으로

사실 제2차세계대전 이전까지 독일 축구가 국제무대에서 거둔 성적은 보잘것없는 것이었다. 1934년 월드컵에서 3위에 오른 것이 전부였던 독일은 당시 유럽에서 손꼽히던 축구 강국 이탈리아, 오스트리아, 헝가리, 체코슬로바키아 등에 비해

한 단계 떨어지는 수준의 평범한 팀에 불과했다. 독일이 국제 무대에서 본격적인 두각을 나타냈던 것은 제2차세계대전이 끝난 뒤 처음으로 열린 1954년 스위스 월드컵에서부터였다. 참혹한 전쟁으로 독일 전역이 폐허가 된 가운데 독일 축구라고 해서 예외는 아니었다. 팀에서 주축 연령대를 이루어야 할 선수 대부분이 전쟁터에서 전사한 독일은 전쟁 이전에 뛰던 노장 선수들과 전쟁 이후에 등장한 어린 선수들을 혼합한 팀으로 월드컵에 나서야만 했다.

독일은 조별 예선에서 당시 세계 최강이었던 헝가리를 맞아 8-3으로 대패를 당했다. 그러나 여기에는 당대 명장이었던 헤르베르거(Sepp Herberger) 감독의 계략이 숨어 있었다. 헤르베르거 감독은 헝가리에 지더라도 다음 터키와의 경기에서 승리하면 전력을 노출시키지 않고도 조별 리그를 통과할 수 있다고 보았다. 이 때문에 헝가리전에서 일부러 2진급 선수들을 내보내 패배를 자청했던 것이다.

헤르베르거의 작전대로 체력을 비축한 독일은 터키와의 경기에서 가볍게 승리를 거두었고, 이후 한 수 위로 평가받던 유고슬라비아와 오스트리아를 차례로 누르며 결승에 진출하는 파란을 일으켰다. 이제 결승전 상대는 조별 리그에서 한 차례 붙어본 바 있는 최강 헝가리. '매직 마자르(Magic Magyars, 마법의 헝가리)'라는 별명으로 불리던 헝가리는 당시 그 이름만으로도 상대방의 기를 죽이는 무적의 팀이었다. 1950년 이후 4년여 동안 벌어진 총 31번의 A매치에서 27승 4무라는 전무

후무한 무패행진을 이어온데다 1952년 헬싱키 올림픽에서 금메달까지 차지한 헝가리는 그야말로 그 어떤 팀도 맞설 수 없는 '그라운드의 절대자'였다. 특히 이미 조별 예선에서 독일에 8-3이라는 엄청난 승리를 거둔 바 있었기에 모든 관중뿐 아니라 헝가리 선수들도 헝가리가 우승컵을 가져가리라는 것을 조금도 의심치 않았다.

그러나 이 지나친 자신감이야말로 헝가리의 최대 약점이었다. 노련한 헤르베르거 감독은 바로 이 점을 노렸다. 헝가리는 브라질전과 우루과이전을 치르며 부상과 피로로 만신창이가 되어 선수들의 체력이 예선전에서보다 약해진 반면, 독일은 1차전과 전혀 다른 정예 선수들을 투입해 경기에 임했다. 헝가리는 전반전에서 두 골을 기록하며 앞서나갔지만 전반이 채 끝나기도 전에 동점을 허용했고 결국 경기 종료 7분을 남겨놓고 란(Helmut Rahn)에게 쐐기골을 내주면서 믿을 수 없는 패배를 당하고 말았다. 헝가리 대표팀이 4년 만에 당한 첫 패배이자 전설의 31경기 무패 기록이 깨지는 순간이었다. 지략 싸움에서 승리한 독일이 우승컵을 차지하는 것을 그들은 눈물을 흘리며 바라보아야만 했다.

스위스 월드컵에서 우승을 차지한 독일은 이후 세계 축구에서 본격적인 두각을 나타내기 시작했다. 다음 1958년 스웨덴 월드컵에서 4위를 차지한 독일은 이어진 1962년 칠레 월드컵에서는 8강에 진출했다. 1964년, 독일 대표팀은 새로운 사령탑으로 숀(Helmut Schön)을 임명했다. 전임자인 헤르베르거 감독이 20년 가까이 팀을 맡은 이후 실로 오랜만에 이루어진 감독 교체였다. 이처럼 철저한 신뢰 속에 장기간 지휘봉을 맡기는 것은 이후 독일 축구의 오랜 전통이 되었다.

분데스리가 출범

1963년 독일 축구는 역사적인 변화를 맞는다. 바로 독일 전역을 대상으로 하는 명실상부한 전국 프로리그인 분데스리가가 출범한 것이다. 그 이전까지 독일은 세미프로방식으로 운영되는 다섯 개의 지역 리그에서 우승자를 가린 후 이들 간의 플레이오프로 독일 챔피언을 가리던 방식을 채택해왔었다. 하지만 이런 방식으로는 클럽 순위에서 레알 마드리드, FC 포르투, AC 밀란 같은 거대 클럽에 맞서기에는 역부족이었다.

분데스리가의 출범은 이 모든 것들을 한 번에 바꾸어놓았다. 독일 전역에서 최고의 팀들이 선발되어 프로로 전환됐고 이들이 분데스리가를 결성하면서 독일 축구는 새로운 시대에 돌입했다. 분데스리가가 출범한 지 불과 2년 만에 1860 뮌헨이 컵위너스컵 결승에 진출한 것을 비롯해, 다음해에는 도르트문트가 우승을 차지하는 등 독일 축구는 클럽 순위에서도 본격적으로 두각을 나타내기 시작했다.

1966년 잉글랜드 월드컵은 분데스리가 출범 후 프로 1세대가 참가하는 월드컵이라는 의미에서 어느 때보다도 큰 기대를 모았다. 당시 분데스리가에서는 베켄바워와 할러(Helmut Haller), 젤러(Uwe Seeler), 오버라스(Wolfgang Overath) 등 프로 1세대

선수들이 스타로 떠오르고 있었고 이들은 국제무대에서의 경험도 풍부한 상태였다.

숀 감독이 이끄는 독일은 8강에서 우루과이를 꺾은 후 준결승에서는 '전설의 골키퍼' 야신(Lev Yashin)이 골문을 지키는 소련을 물리치고 결승에 진출했다. 결승에서 만난 상대는 개최국 잉글랜드. 독일은 2-2까지 가는 접전을 벌이며 연장전에 돌입했지만 연장전에서 결국 4-2로 패하고 말았다. 당시 연장전에서 터진 허스트(Geoff Hurst)의 골은 오늘날까지도 컴퓨터 시뮬레이션까지 동원한 논쟁 대상이 되고 있지만, 어쨌든 잉글랜드는 이날 승리를 거두었고 우승의 영광을 안았다.

잉글랜드 월드컵 후 분데스리가는 중부 라인 지방에 자리 잡은 클럽들이 각축전을 벌이는 양상으로 변했다. 라인 강의 기적이라 불리는 경제활황에 힘입어 중부 도시들의 공업이 급속히 발전했고 노동자들이 각 도시로 몰려들었다. 쾰른, 도르트문트, 샬케 등은 이러한 노동자들의 열렬한 성원을 등에 업고 강팀으로 부상하기 시작했다. 도르트문트-샬케의 중부 라인 더비매치(연고지가 같은 프로팀끼리 벌이는 경기), 브레멘-함부르크의 북부 독일 더비매치 같은 팀 간의 경쟁관계도 갖추어지면서 분데스리가는 더욱 발전했다.

1970년대 들어 바야흐로 바이에른 뮌헨의 시대가 도래하기 시작했다. 사실 1960년대까지만 해도 바이에른 뮌헨은 지역 라이벌팀인 1860 뮌헨의 그늘에 가려 있었다. 분데스리가 출범 당시 한 연고지에 한 팀만 인정한다는 독일축구협회의 결정에 따라 바이에른은 1860 뮌헨에 밀려 분데스리가 원년 멤버에 끼지도 못했고, 2년 후에야 1부 리그로 올라올 수 있었다. 그러나 1960년대 후반 1860 뮌헨이 무관심 속에 방치한 세 명의 선수를 재빠르게 영입하면서 바이에른은 일대 혁명을 맞게 됐다. '봄버(Der Bomber, 폭격기)' 뮐러(Gerd Müller), '카이저(Der Kaiser, 황제)' 베켄바워 그리고 독일 최고의 골키퍼로 추앙받는 마이어(Sepp Maier)라는 당대 최고의 선수들이 합류한 바이에른은 완전히 다른 팀으로 재탄생했다. 여기에 수비수 브라이트너(Paul Breitner), 미드필더 회네스(Uli Hoeness)까지 합류하며 바이에른은 독일 대표가 절반 이상 포진하는 독일 대표팀의 산실로 바뀌었다. 자그마치 여섯 명의 독일 대표가 활약한 바이에른은 1972년부터 1974년까지 3회 연속 분데스리가 챔피언에 올랐다.

바이에른 선수들의 맹활약은 국제무대에서도 이어졌다. 1970년 멕시코 월드컵에서 베켄바워는 리베로라는 개념을 선보이기 시작하며 독일의 수비 라인을 이끌었고 최전방의 뮐러는 열 골을 터뜨리며 대회 득점왕에 올랐다. 1971년 분데스리가에는 사상 초유의 승부조작 사건으로 다섯 개 클럽과 50명 이상의 선수가 징계를 받는 일대 태풍이 몰아쳤지만 국가대표팀은 흔들림 없이 굳건했다. 기존 바이에른 뮌헨의 멤버들에다 당대 최고의 윙이라 불린 뮌헨글라드바흐의 네처(Günter Nezter)까지 합세한 독일은 잉글랜드와 벨기에 그리고 소련을 차례로 연파하며 1972년 유럽 선수권 대회에서 우승컵을 차지했다.

토탈사커와의 조우

1973년, 독일 축구는 드디어 네덜란드의 '토탈사커'와 처음으로 조우하게 됐다. 베켄바워가 이끄는 바이에른 뮌헨이 크루이프가 이끄는 아약스 암스테르담과 챔피언스컵 8강전에서 격돌한 것이다. 이 경기는 제2차세계대전 후 앙숙관계였던 독일과 네덜란드 간의 자존심 대결로 큰 관심을 모았다. 그러나 이날 바이에른은 아약스의 질풍노도 같은 공격에 속수무책으로 유린당하며 4-0의 믿기지 않는 완패를 당하고 말았다. 경기가 끝난 후 바이에른의 골키퍼 마이어가 패배의 분을 삭이지 못해 호텔 창문 밖으로 자신의 골키퍼 장갑을 집어던질 정도였고, 독일 전역은 토탈사커에 대한 경외와 두려움으로 술렁였다.

그로부터 일 년 후 드디어 독일에서 월드컵이 개최되었다. 첫 경기에서 동독에게 1-0의 충격적 패배를 당한 독일의 숀 감독은 고민 끝에 당대 최고의 윙이라 불린 미드필더 네처를 버리고 베켄바워 중심으로 팀을 개편하는 일대 도박을 감행했다. 네처와 베켄바워 모두 최고의 선수들로 꼽히는 에이스들이었지만 서로 너무나 다른 경기방식 때문에 결국 네처를 포기하기로 결심했던 것이었다.

그라운드에서 팀의 전권을 위임받은 베켄바워는 본격적으로 '리베로'라는 개념이 무엇인가를 보여주며 유고슬라비아,

폴란드, 스웨덴을 차례로 연파하고 결승전에 진출했다. 그리고 결승전에서 다시 만난 상대는 바로 크루이프가 이끄는 토탈사커의 네덜란드였다. 일 년 만의 재대결에서 네덜란드는 전반 페널티킥을 성공시키며 앞서나갔지만 독일에는 폭격기 뮬러가 있었다. 결국 뮬러가 두 골을 작렬시킨 독일은 네덜란드를 꺾고 통산 두 번째 월드컵 트로피를 거머쥐었다.

월드컵 우승까지 차지한 후 독일 축구의 기세는 하늘을 찔렀다. 뮬러의 신들린 득점포와 베켄바워의 맹활약에 힘입은 바이에른 뮌헨은 1974년부터 1976년까지 챔피언스컵에서 3회 연속 우승하는 전대미문의 대기록을 세웠고, 네처가 이끄는 뮌헨글라드바흐는 UEFA컵 2회 우승에 분데스리가 5회 우승을 차지했다. 1979년 UEFA컵 4강에 진출한 팀 중 세 팀, 그리고 이듬해에는 4강의 모든 팀들이 분데스리가 클럽일 정도로 유럽의 각종 대회는 독일 클럽들의 집안 잔치였다. 세계 각지에서 최고의 선수들이 앞다투어 독일로 모여들었고 분데스리가는 명실상부한 세계 최고의 리그로 명성을 쌓아갔다.

분데스리가 클럽들의 엄청난 성공에도 불구하고 1978년 베켄바워와 뮬러가 은퇴한 후 독일 국가대표팀은 한 차례의 후유증을 겪어만 했다. 아르헨티나에서 열린 1978년 월드컵에서는 신성 루메니게(Karl-Heinz Rummenigge)가 홀로 분전했음에도 오스트리아에게 3-2로 패하며 8강에서 탈락하는 수모를 겪고 말았다. 다시 슈스터(Bernd Schuster), 브리겔(Hans-Peter Briegel), 알로프스(Klaus Allofs) 등이 보강되면서 독일은 1980

년 유럽 선수권 우승을 차지했지만, 1982년 스페인 월드컵에서는 첫 경기에서 약체 알제리에 1-0으로 패하는 세기의 망신을 당했다. 전열을 정비한 독일은 다시 결승까지 진출했지만 로시가 이끄는 이탈리아에게 우승컵을 내줘야만 했다.

1980년대 초반의 분데스리가는 이탈리아의 외국인 선수 수입 금지 조치로 인해 전세계의 스타들이 모두 몰려들어 최고의 전성기를 누렸다. 북독일의 자존심 함부르크는 잉글랜드 최고의 스타 키건(Kevin Keegan)을 리버풀에서 영입해 1979년과 1982년, 1983년에 분데스리가 정상에 올랐으며 1983년에는 위너스컵에서 우승을 차지하며 강호로서의 명성을 드높였다. 한편 한국인으로는 최초로 분데스리가에 진출한 차범근은 1980년에는 프랑크푸르트, 1988년에는 레버쿠젠을 각각 UEFA컵 정상에 올려놓는 맹활약을 펼치며 독일 축구팬들에게 깊은 인상을 남겼다.

그러나 분데스리가의 활황에도 불구하고 국제무대에서 독일 국가대표팀은 여전히 고전을 면치 못하고 있었다. 1984년 유럽 선수권에서도 저조한 성적을 거두자 독일축구협회는 마침내 감독 자격증이 없는 베켄바워에게 대표팀 감독을 맡기는 특단의 조치를 취했다. 베켄바워는 팀을 정비해 '킥의 마술사' 브레메, '게르만 전차의 혼' 마테우스 그리고 스트라이커 푈러(Rudi Völler) 등 세 명의 젊은 신예들을 이끌고 1986년 멕시코 월드컵에 참가했다. 왼쪽 수비의 브레메, 미드필드의 마테우스, 그리고 최전방에서는 푈러가 노장 루메니게와 호흡을 맞춘 독일은 젊은 패기와 노련함이 잘 어우러지며 결승까지 진출했지만 '축구 신동' 마라도나가 이끄는 아르헨티나에게 패하고 말았다.

그러나 이 실패에 좌절하지 않은 베켄바워는 당시 슈투트가르트에서 맹활약을 펼치며 이미 어린 나이에 '금발의 폭격기'로 떠오른 클린스만을 보강해 1990년 이탈리아 월드컵에 참가했다. 그리고 다시 한번 결승에서 마라도나의 아르헨티나를 만난 독일은 이번에는 브레메의 페널티킥 하나로 1986년의 복수를 하며 우승컵을 차지했다.

1991년부터 분데스리가는 독일의 통일로 인해 종전의 18개 팀에서 20개 팀으로 늘어난 상태로 1부 리그를 진행하게 됐다. 동독 지역에서 합류한 팀은 디나모 드레스덴과 한자 로스톡이었지만 이들 팀들은 기존 분데스리가팀들에 비해 형편없이 열악한 재정으로 인해 승격과 강등을 반복하는 어려움을 겪었다.

1990년대 분데스리가의 최대 이변은 바로 중부 독일의 카이저스라우텐이었다. 1997년 2부로 내려가는 수모를 겪은 카이저스라우텐은 명장 레하겔(Otto Rehagel)이 감독을 맡으면서 일순간 다른 팀으로 탈바꿈했다. 레하겔이 팀을 맡자마자 곧바로 1부로 올라온 카이저스라우텐은 승격한 바로 그 시즌에 분데스리가 우승을 차지하는 엄청난 일을 저질렀다. 2부에서 올라온 팀이 곧바로 1부 리그에서 우승한 예는 지금까지 한번도 없었던 일로 분데스리가 30년 역사에 있어 획기적인 사건이었다.

한편 1990년대 중반의 신흥 강호 도르트문트는 1995년과 1996년에 연속 우승을 차지하며 바이에른 뮌헨의 독주를 견제할 새로운 강자로 떠오르게 되었다.

독일은 1992년 유럽 선수권과 1994년 미국 월드컵에서 연이어 고배를 마셨지만 1996년 잉글랜드에서 열린 유럽 선수권에서는 통산 세 번째 우승을 차지하며 다시 한번 저력을 과시했다. 그리고 1998년의 실패를 바탕으로 2002년 한일 월드컵에서 다시 한번 결승에 진출하며 전차군단이 녹슬지 않았음을 보여주었다.

분데스리가 운영방식

세계에서 가장 과학적인 시스템을 갖추고 있다는 독일의 분데스리가는 마치 거대한 피라미드 같은 체계적인 리그 시스템을 자랑하고 있다. '분데스리가(Bundesliga)'라고 불리는 것은 각각 18개 팀으로 구성된 1부와 2부 리그까지이며, 그 밑으로는 지역 리그를 뜻하는 3부 리그 격인 레기오날리가(Regional Liga)가 운영되고 있다. 레기오날리가는 북부, 북동부, 서부, 남서부, 남부의 다섯 개 지역으로 나뉘어 리그전을 벌이는 형태이며, 각 지역 아래에는 또다시 3~6개의 권역별 리그가 존재하고 있다.

분데스리가의 특징 중 하나는 리그가 전, 후반기로 나뉜다는 점인데 8~12월 초까지 전반기 리그가 실시된 후 12월부터 이듬해 2월까지 '윈터 브레이크'라 불리는 겨울 휴식기가 있다. 이는 혹독한 독일의 겨울 날씨 때문이다. 후반기 리그는 3월부터 시작돼 6월 말경에 34경기가 모두 끝나게 된다. 이때 가장 성적이 좋은 팀은 '도이처 마이스타(Deutscher Meister)'가 되고 1-2위 팀에게는 챔피언스리그 출전권이 부여된다. 3위 팀은 챔피언스리그 예선전을 거쳐야 본선에 출전하는 기회가 주어지는데, 만약 떨어지면 UEFA컵에 4, 5위 팀과 함께 출전하게 된다. 1부 리그에서 부진한 세 개 팀은 2부 리그로 내려가고, 반대로 2부 리그에서 가장 성적이 좋은 세 개 팀은 1부 리그로 올라오는 영광을 차지한다. 한편 2부 리그에서는 성적이 가장 저조한 네 개의 팀이 레기오날리가로 떨어지며, 레기오날리가에서는 플레이오프를 통해 네 개의 팀을 가려 2부로 승격시킨다.

분데스리가 1, 2부에서 뛰는 팀들은 독일축구협회에서 발행하는 프로클럽 라이센스가 반드시 있어야만 하는데, 이는 각 클럽팀들의 재정상태를 건실하게 유지하기 위한 조치의 일환이다. 만약 부정한 방법으로 자금을 마련하거나 회계상태가 좋지 않을 경우에는 이 라이센스를 취소당하는 최악의 사태를 맞기도 한다. 실제로 1980년대 중반 1860 뮌헨 그리고 1995년에 디나모 드레스덴이 프로클럽 라이센스를 박탈당하고 한 순간에 아마추어리그로 떨어지는 쓰라림을 맛보기도 했다.

세계 최대의 리그, 프리메라리가

스포츠가 아닌 전쟁

스페인 사람들은 스페인이 세 가지로 분열된 나라라는 말을
한다. 그 세 가지는 바로 언어와 문화 그리고 축구를 말한다.
실제로 완전히 다른 문화와 언어를 가진 카스티유(Castille), 카
탈루냐(Cataluna), 갈리시아(Galacia), 안달루시아(Andalucia), 바
스크(Basque) 지역이 통합돼 형성된 나라가 스페인이고 여전히
그 갈등의 골은 깊다.

피를 불렀던 스페인 내전은 끝났지만 축구장에서 그 전쟁은
여전히 계속되고 있다. 오랜 역사적 앙숙관계인 카스티유와 카
탈루냐 지방이 각각 레알 마드리드와 바르셀로나라는 슈퍼클
럽들을 통해 그라운드에서 매년 전쟁을 벌이는 것처럼, 스페인

프리메라리가는 각 지방 간의 치열한 대리전이라 할 수 있다. 누캄프(Nou Camp)와 산티아고 베르나뷰(Santiago Bernabeu)처럼 자그마치 10만 명을 수용하는 거대한 슈퍼경기장들 그리고 다른 나라에서는 감히 상상조차 할 수 없는 천문학적인 이적료 등은 스페인에서 축구가 단순한 스포츠가 아닌 바로 전쟁이기에 가능한 일들이다. 그리고 바로 이 때문에 그간 디 스테파노(Di Stefano)와 푸스카스(Puskas), 크루이프, 마라도나, 호마리우(Romario), 스토이치코프(Hristo Stoichkov), 호나우두(Ronaldo), 지단(Zinedine Zidane), 피구(Luis Figo) 등 세계 최고의 '전사'들이 스페인 땅에서 맹활약을 펼쳐올 수 있었던 것이다.

스페인의 두 거인, 레알 마드리드와 바르셀로나

스페인리그를 레알 마드리드와 바르셀로나라는 두 명의 거인 없이 설명한다는 것은 불가능한 일이다. 지난 50년간 스페인리그에서 두 팀이 차지한 우승 횟수만 37회에 달했을 정도로 두 라이벌이 차지하는 위치는 그야말로 절대적이라 할 수 있다. 이처럼 지역을 대표하는 라이벌 관계(레알 마드리드-바르셀로나)뿐만 아니라 같은 도시 내의 라이벌 관계(세비야-베티스) 등과 같은 치열한 라이벌 관계는 스페인 축구를 강하게 만드는 원동력이자 동시에 문제점이기도 했다. 치열한 경쟁 덕분에 리그는 발전했지만, 힘을 합쳐야 할 대표팀 내 선수들 간의 보이지 않는 알력으로 국제무대에서 항상 기대 이하의 저조한 성적을 거두었기 때문이다. 프로축구가 최고의 수준을 인정받으면서도 정작 대표팀은 월드컵 4강에 단 한 차례 오른 것이 최고 성적이라는 점은 스페인의 이러한 문제를 잘 보여 주고 있다. 그러나 아이러니한 사실은 악명 높은 독재자 프랑코가 카탈루냐와 바스크 같은 소수민족 지방을 탄압하기 이전까지 스페인 축구는 오히려 지금과는 전혀 다른 이미지를 가지고 있었다는 점이다. 1928년까지 변변한 프로리그조차 없었음에도 스페인 대표팀은 이웃인 프랑스와 포르투갈을 압도했으며 1929년에는 유럽 본토팀으로서는 처음으로 A매치에서 잉글랜드를 꺾는 등 국제 축구계의 강자로 군림했었다.

스페인에 처음으로 축구가 유입된 것은 19세기 말 무렵으로 바스크 지방의 광산에 작업을 하러 온 영국인 광부들을 통해서였다. 축구는 곧 인근 지역인 마드리드와 바르셀로나, 발렌시아로 전파되었으며, 이후 각 지역 대표들이 플레이오프를 통해 스페인 챔피언을 가리는 방식으로 진행되었다. 초창기에는 축구가 가장 먼저 소개된 바스크 지역의 아틀래틱 빌바오가 모든 우승컵들을 휩쓸다시피 했다. 영국인 학교에 다니던 학생들에 의해 설립된 빌바오는 그 당시 영국 최고의 클럽이었던 선더랜드(Sunderland)를 늘 선망했고, 이 때문에 선더랜드의 유니폼을 본뜬 붉은 줄무늬 유니폼을 입고 스페인 무대를 호령했었다.

1899년에는 스위스 국가대표였던 감퍼(Joan Gamper)에 의해 FC 바르셀로나가 창단되었으며, 여기에 자극을 받아 얼마 후에는 같은 도시에 에스파뇰(Espanyol)이 창단됐다. 팀 이름이

'스페인'을 뜻하는 에스파뇰은 외국인에 의한 축구팀 창단을 못마땅하게 생각한 스페인 사람들이 모여서 만든 클럽이었다. 한편 1902년에 창단한 마드리드 FC는 1920년에 스페인 국왕으로부터 로얄, 즉 레알 칭호를 받으면서 클럽 이름을 레알 마드리드로 개명했다.

1920년대에는 바르셀로나가 명실상부한 스페인 축구의 최강자였다. 1920년대 들어서만 네 차례의 우승컵을 차지한 바르셀로나는 스페인팀 중 처음으로 프로 시스템을 채택했고, 1928년 스페인리그의 초대 챔피언에 오르기도 했다. 그러나 1936년 스페인 내전이 발발하면서 일순간에 모든 것이 바뀌고 말았다. 스페인 전역은 피비린내 나는 전쟁터로 돌변했고, 수년에 걸친 전쟁 끝에 카탈루냐와 바스크 지방을 무자비하게 짓밟았던 군인 출신의 독재자 프랑코가 정권을 차지했다.

프랑코의 등장과 함께 본격적인 레알 마드리드의 시대가 열리기 시작했다. 프랑코의 각별한 관심 속에 레알 마드리드는 내전으로 파괴된 옛 경기장 대신 12만 명을 수용할 수 있는 거대한 스타디움을 새로 건설했고 구단주 산티아고 베르나뷰는 선수들을 마음껏 사올 수 있었다. 아르헨티나의 디 스테파노, 헝가리의 푸스카스, 우루과이의 산타마리아(Jose Santamaria) 같은 당대 최고의 선수들을 속속 영입하면서 레알 마드리드는 그라운드의 거인으로 재탄생하게 됐다.

1950~1960년대 레알 마드리드는 스페인리그는 물론 유럽 축구계에서 그 누구도 감히 대적할 수 없는 절대 강자의 자리

에 올랐다. 푸스카스와 디 스테파노를 앞세운 레알 마드리드는 스페인리그에서 무려 열한 번이나 우승을 차지한데 이어 1956년부터 1960년까지 챔피언스컵 5회 연속 우승이라는 전대미문의 기록을 세우며 세계 축구사를 다시 썼다. 당시의 팀은 오늘날까지도 '20세기 최고의 팀'으로 불릴 정도로 모든 포지션에 걸쳐 그야말로 최고만이 모인 완벽한 구성을 자랑했다.

프랑코의 절대적 사랑을 받는 레알 마드리드의 이러한 독주는 프랑코의 군홧발이 짓밟은 카탈루냐와 바스크 등 다른 소수민족 지방의 팀들에게는 참을 수 없는 분노였다. 여기에다 프랑코가 무력으로 카탈루냐어와 바스크어의 사용마저 전면적으로 금지시키면서 그 반발은 더욱 커져만 갔다. 프랑코의 군대에 직접적으로 맞서지 못하는 카탈루냐 사람들은 바르셀로나의 경기가 벌어지는 경기장으로 모여들었다. 그들은 자기 지방의 문장을 가슴에 달고 뛰는 선수들을 응원하며 경기가 벌어지는 90분 동안 카탈루냐에 대한 사랑을 과시했다.

프랑코의 레알 마드리드에 맞서기 위해 카탈루냐 사람들은 지역 유지에서부터 일반 팬들까지 쌈짓돈을 모아가며 바르셀로나를 지원했지만 번번이 원수인 레알 마드리드에 늘 반 발짝씩 뒤쳐져야만 했다. 바르셀로나가 헝가리에서 콕시스(Kocsis)와 치보르(Czibor)를 데리고 올 때 레알 마드리드는 푸스카스를 데리고 왔고, 바르셀로나가 남미에서 에바리스토(Evaristo)를 사올 때 레알 마드리드는 디 스테파노를 사오며 막강한 자금력을 과시했다. 바르셀로나는 10만 명 규모의 거대한 누캄프

스타디움을 지었지만 여전히 베르나뷰 스타디움이 더 컸고, 바르셀로나가 UEFA컵의 전신인 페어스컵(Fair's Cup)에서 두 차례 우승을 차지할 때 레알 마드리드는 챔피언스리그를 5회 연속 재패하며 이를 무색케 해버렸다. 특히 레알 마드리드가 1960년 바르셀로나를 준결승에서 누른 뒤 챔피언스컵 우승을 차지할 때 카탈루냐 지방의 쓰라림은 더욱 클 수밖에 없었다.

1970년대 들어 이탈리아리그가 외국인 선수들의 수입을 금지하면서 전세계 스타들이 줄지어 스페인리그로 몰려들기 시작했다. 그리고 이러한 변화에 맞춰 카탈루냐 사람들은 새로운 전략으로 숙적 레알 마드리드에 맞서기로 결심했다. 바로 최고의 선수뿐만 아니라 그를 지도하는 감독까지 '통째로' 사오기로 한 것이었다. 바르셀로나는 그 첫 번째 작품으로 이적료 신기록을 세우며 아약스에서 토탈사커의 창시자인 미셸(Rinus Michel) 감독과 그의 제자 크루이프를 동시에 영입했고, 다시 1980년대에는 자신들이 세운 이 기록을 갱신하며 아르헨티나에서 마라도나와 메노티(Cesar Menotti) 감독을 동시에 사왔다. 이후에도 바르셀로나는 아키발드(Steve Archibald)와 베너블(Terry Venables) 감독, 리네커(Gary Lineker)와 휴즈(Mark Hughes) 감독 등 계속해서 선수와 감독을 묶어서 영입했다. 그러나 이러한 전략은 크게 성공을 거두지는 못했다.

1980년대 초반 바스크 지방의 아틀래틱 빌바오가 거친 수비를 앞세워 두 차례 연속 우승을 차지한 뒤, 1980년대 후반에는 '벌쳐(El Buitre)' 부트라게뇨(Emilio Butragueno)를 앞세운 레알 마드리드의 시대가 다시 열리는 것처럼 보였다. 부트라게뇨의 맹활약 속에 레알 마드리드는 1986년부터 1990년까지 5회 연속 리그 우승을 차지하며 다시 새로운 황금기를 여는 듯했다. 그러나 그 이면에는 추악한 금융 스캔들이 숨어 있었다. 레알 마드리드의 멘도사(Ramon Mendoza) 회장이 회계장부를 조작하는 수법으로 선수들을 마구 사오며 클럽 재정을 파탄으로 이끌었고 결국 홈구장인 베르나뷰 스타디움을 매각해야 하는 위기에까지 내몰리게 되었다. 프랑코 시절부터 정권과 유착하며 누려온 온갖 비리와 특혜가 사라지자 마침내 그 부작용이 나타난 것이다.

레알 마드리드의 이러한 몰락을 누구보다 기뻐한 것은 당연히 라이벌인 바르셀로나였다. 감독이 되어 바르셀로나로 돌아온 크루이프의 지휘 속에 바르셀로나는 과르디올라(Josep Guardiola), 라우드룹(Michael Laudrup), 스토이치코프, 쾨멘(Ronald Koeman), 호마리우 등 기라성 같은 스타들을 속속 영입했고 레알 마드리드는 물론 스페인리그 전체를 압도하며 1990년대를 풍미했다. 공격 축구를 신봉하는 크루이프 감독의 3-4-3 포메이션과 함께 바르셀로나는 1991년부터 1994년까지 4회 연속 우승을 차지하며 그간의 설움을 마음껏 털어냈다. 특히 1992년, 레알 마드리드에 대해 가지고 있던 가장 큰 콤플렉스였던 챔피언스컵마저 제패한 바르셀로나는 그야말로 최고의 전성기를 구가하게 된다. 크루이프가 떠난 이후 다시 한번 네덜란드 출신의 반갈(Van Gaal) 감독이 지휘봉을 잡은 바르셀로나는 1998년과

1999년에도 연속 우승을 차지했다.

2000년대에 들어 레알 마드리드는 챔피언스리그에서 연속 우승을 거두며 재건의 모습을 보여주고 있다. 레알 마드리드의 부활과 함께 현재 바르셀로나가 다시 주춤한 상태이지만 두 라이벌팀 간의 역사는 앞으로도 계속될 것이다.

프리메라리가 운영방식

'라 리가(La Liga)'라고도 불리는 스페인리그는 세계에서 가장 많은 팀 수를 자랑하는 리그 중의 하나이다. '프리메라리가(Primera Liga)'라 불리는 1부 리그는 20개 팀으로 구성되며 '세군다(Segunda)'라 불리는 2부 리그는 자그마치 22개 팀으로 이루어져 있다. 1999년까지는 1부 리그의 19, 20위와 2부의 1, 2위 팀은 자동으로 자리바꿈을 하며, 1부의 17, 18위와 2부 3, 4위 팀은 플레이오프를 거쳐 1부에서 뛸 두 팀을 가려내는 방식으로 운영되었다. 그러나 2000년부터는 1부 하위 세 개 팀이 2부 상위 세 개 팀과 자동적으로 교환되는 방식으로 바뀌었다.

시즌은 8월에 시작해서 중간 휴식기 없이 다음해 5월에 끝나는 것을 원칙으로 하고 있다. 프리메라리가는 1928년 열 개 팀이 경합을 벌인 가운데 바로셀로나의 우승으로 시작되었다. 이후 1부 리그의 팀 수는 1933년에 12개, 1941년에 14개, 1950년에 16개, 1971년에 18개, 1987년에 20개, 1995년에 22개까지 증가하다가 1997년부터 현재까지 20개의 팀으로 운영되고 있다. 그간 과도한 일정으로 인해 팀 수를 18개로 축소해야 한다는 논의가 계속 나오고 있음에도 불구하고 이것이 이뤄지지 못하는 것은 군소구단의 열악한 재정상황 때문이다.

프리메라리가는 홈 & 어웨이 방식으로 총 38라운드까지 경기를 펼치고 승 3점, 무 1점, 패 0점을 기본으로 한다. 하지만 승점이 같을 경우 상·하위 팀의 구분을 위해 원정경기시 가산점을 부여한다. 홈경기보다 원정경기에 더 많은 비중을 주기 위해 만든 이 제도는 원정경기에서 이겼을 경우엔 +2를, 비기면 +1, 지면 0점이 되고 홈경기에서 이기면 0점, 무승부면 −1점, 지면 −2로 계산한다.

프리메라리가에는 지단, 호나우두, 피구 등 쟁쟁한 세계 최고의 외국인 선수들이 뛰고 있지만 이는 어디까지나 1부 리그의 이야기일 뿐이다. 1부 20개 팀을 제외한 2, 3부 4백여 개 팀들은 외국 선수들보다는 스페인 출신 선수들을 기용하는 것을 원칙으로 하고 있다. 이는 용병들로 인해 자국의 유망주가 성장하지 못하게 되는 상황을 예방하기 위해서이다. 이들 2, 3부 선수들은 대부분 20세 미만의 어린 선수들로 구성되어 있으며 한 클럽 안에서 1부 혹은 2부로 진출하기 위해 치열한 경쟁을 펼친다. 이를 통해 자국 선수들 보호뿐만 아니라 자연스러운 유소년 육성까지 해내는 셈이다. 대부분의 스페인 선수들은 2, 3부 팀에서 실력을 쌓아 어느 정도 기량이 쌓이면 1부로 진출하게 된다.

1, 2부 프로클럽은 의무적으로 유소년팀을 보유하도록 되

어 있다. 특히 1부 리그의 대부분의 클럽은 유아 축구교실과 연령별 청소년 축구팀 그리고 프로 2, 3군을 보유하고 있다. 경기를 통해 얻은 막대한 수익이 재투자로 이어지는 것이다. 이처럼 스페인 구단들은 선수 발굴에 끊임없는 노력을 기울이며, 이로써 스페인리그가 세계적인 수준을 유지할 수 있는 밑그림을 제시하고 있다.

스페인 전역에는 17개의 지방 리그가 있다. 이는 아마추어 리그로서 지역별로 각기 다르긴 하나 대개 1부(Preferente Aficionado), 2부(Primera Aficionado), 3부(Segunda Aficionado), 4부(Tercera Aficionado) 리그 순으로 되어 있다. 아마추어 1부의 1위 팀들은 4부 리그로 승격할 수 있는 자격을 얻게 된다.

최고의 역사를 자랑한다, 프리미어리그

축구의 모든 것을 만든 나라, 잉글랜드

축구의 종주국 잉글랜드는 오늘날 축구의 모든 것을 만들어낸 나라라 해도 좋을 것이다. 이는 비단 그 규칙뿐만 아니라 축구의 모든 문화 그리고 심지어 축구의 모든 근심까지 만들어낸 나라가 바로 잉글랜드이기 때문이다. 19세기 말 근대적 축구의 규칙을 처음으로 만든 잉글랜드는 이후 선원과 상인들을 통해 축구를 세계에 전파시키는 선교사의 역할을 수행했다. 그리고 오늘날 현대 축구에 자본주의 개념을 처음 도입함으로써 축구를 스포츠를 넘어선 하나의 거대한 사업으로 만든 나라 역시 잉글랜드이다.

1863년 잉글랜드에서 축구의 공식기구 제1호인 잉글랜드축구협회(FA, Football Association)가 창설되었고, 이어 경기규칙이 공식적으로 발표되면서 축구 발전의 틀이 마련됐다. 1871년 훗날 'FA컵'이란 이름으로 정형화된 'The Football Association Challenge Cup'의 출범은 잉글랜드리그의 서막을 알렸다. 이것은 처음에는 주로 남부에 자리잡은 부유한 사립학교의 학생들이나 신사들이 만든 클럽들이 참가하는 대회였다. 그러나 축구는 급속히 북쪽으로 전파되어갔다. 특히 랭크샤이어(Lancashire)에서는 실력이 뛰어난 노동자 선수들이 공을 차는 대가로 돈을 받기 시작하면서 서서히 프로 출범의 기틀이 잡혔다.

마침내 1885년 프로페셔널리즘이 공인되었고, 1888년에는 잉글랜드리그가 출범하면서 세계 최초의 축구리그가 탄생하게 됐다. 리그 출범이 선언된 곳은 수도인 런던이었지만 초창기 잉글랜드 축구의 대부분은 주로 북부와 중부의 클럽들에 의해 주도되었다. 특히 리그 초대 우승팀 프레스톤 NE, 블랙번 로버스, 아크링튼, 볼튼 원더러스, 에버튼, 번리 등의 팀들은 스코틀랜드에 인접해 있었던 관계로 많은 우수 선수들을 영입할 수 있었고, 이를 바탕으로 100년이 넘는 기간 동안 잉글랜드리그의 강자로 군림했다.

반면 런던을 위시한 남부 클럽들은 한 세기가 넘는 리그 역사상 단 16차례의 우승만을 거두는 데 그쳤는데, 그 대부분의 우승마저도 11차례 우승을 차지한 아스날에 의한 것이었다. 1930년대는 아스날의 최고 전성기였다. 채프만(Herbert Chapman) 감독의 지휘 아래 WM전술을 사용한 아스날은 1930년대에만 다섯 차례 우승하며 런던 클럽의 자존심을 높이 세웠다. 그러나 이후 제2차세계대전이 발발하면서 런던은 폐허로 변했고 아스날도 리그 최강자의 자리를 넘겨주어야만 했다.

국내 리그 출발뿐만 아니라 국제무대에서도 잉글랜드는 선구자였다. 1872년 글래스코에서 벌인 잉글랜드와 스코틀랜드 대표팀의 경기는 세계 최초의 A매치로 기록되었다. 하지만 이후 축구 종주국이라는 자부심에 지나치게 고무된 잉글랜드는 반세기 동안 자신들이 한 수 아래로 여겼던 외국 팀들과 경기하길 꺼렸고 1950년까지는 월드컵에도 참가하지 않았다.

처음 참가한 브라질 월드컵에서 예선탈락이라는 망신을 당한 잉글랜드는 이후 해외 원정경기에서 연패를 당하며 축구 종가의 이미지를 구겼다. 그러나 그럼에도 불구하고 잉글랜드는 여전히 '최강'이라는 환상에서 깨어나지 못했다. 잉글랜드는 적어도 안방에서는 무적이었고, 그들의 홈그라운드인 웸블리 경기장은 100% 승리를 보장해주는 이름이었기 때문이다.

그러나 1953년 '매직 마자르'라 불리는 최강의 헝가리 국가 대표팀이 웸블리 땅을 밟으면서 이 모든 환상은 산산조각이 나고 말았다. 푸스카스가 이끄는 헝가리 대표팀이 잉글랜드를 거의 일방적으로 유린하며 6-3의 기록적인 대승을 거두었던 것이다. 그때서야 비로소 자신들이 우물 안 개구리 신세였음을 깨달은 잉글랜드 전역은 충격에 휩싸였다. 인정하기 싫었지만 세계는 이미 잉글랜드 축구를 추월하고 있었고 그 현실을 받아들여야만 하는 순간이 다가온 것이다.

1958년 스웨덴 월드컵에서도 잉글랜드가 단 1승도 거두질 못하자 잉글랜드는 초비상에 걸렸다. 그리고 마침내 람지(Alf Ramsey)가 국가대표팀 감독으로 부임했다. 유럽에서의 경험을 가지고 있는 람지 감독은 처음으로 잉글랜드에 4-4-2포메이션을 소개하면서 이를 국가대표팀에 적용했다. 윙을 이용한 킥 앤 러쉬(kick & rush)로 대표되던 잉글랜드 축구에 4-4-2포메이션은 생소하기만 한 개념이었다. 언론에서는 '윙 빠진 축구(Wingless Soccer)'라며 날마다 국가대표팀을 조롱했다. 그러나 4-4-2포메이션에 대한 람지의 신념은 확고했다.

결국 람지 감독이 이끄는 잉글랜드는 안방에서 열린 1966년 월드컵에서 포르투갈과 독일을 차례로 물리치고 사상 처음으로 월드컵을 품에 안는 영광을 차지했다. 축구 종주국으로서의 자부심에도 불구하고 그간 변변한 국제대회 트로피조차 없던 잉글랜드에게 실로 가슴 벅찬 순간이 아닐 수 없었다. 람지 감독이 잉글랜드에 선물한 것은 비단 월드컵 트로피뿐만이 아니었다. 그가 소개한 4-4-2전술은 이후 잉글랜드 프로리그에도 일대 혁명을 가져와 잉글랜드는 마침내 클럽 레벨에서도 본격적인 두각을 나타내기 시작했다.

1966년 이전까지 잉글랜드 클럽들은 토튼햄과 웨스트햄이 컵위너스컵에서 한 차례 우승을 차지한 것 외에는 별다른 성과를 거두지 못했다. 특히 명실상부한 유럽 최고의 클럽팀을 가리는 챔피언스컵 결승에 단 한 번도 진출하지 못했다는 사실은 잉글랜드 클럽들이 오랫동안 가져온 대륙 콤플렉스로 자리잡고 있었다.

잉글랜드 클럽으로서는 최초로 챔피언스컵에 참가한 팀은 맨체스터 유나이티드였다. 그러나 1956년 치른 첫 챔피언스컵 경기에서 맨체스터는 벨기에의 안더레흐트에 자그마치 10-0의 대패를 당하는 혹독한 신고식을 치러야 했다. 2년 후 다시 챔피언스컵에 오른 맨체스터는 8강에까지 진출했지만 원정경기를 위해 유고로 향하던 선수단 비행기가 뮌헨에서 추락하는 대참사를 겪으며 다시 한번 좌절을 맛봐야만 했다.

1966년 월드컵 우승은 이러한 잉글랜드 축구에 일대 혁신을 가져왔다. 월드컵 우승을 차지한 2년 뒤인 1968년, 마침내 베스트(George Best)가 이끄는 맨체스터 유나이티드가 에우제비오(Eusebio)의 벤피카를 꺾고 챔피언스컵 우승을 차지했다. 뮌헨 대참사로 선수단 전원이 몰살당한 후 정확하게 10년 만에 챔피언스컵을 차지한 맨체스터의 우승은 많은 사람들에게 감격을 안겨다주었다. 여기에 리즈 유나이티드도 페어스컵에서 우승하는 등 잉글랜드의 상승세는 계속됐다. 잉글랜드 클럽들은 그로부터 5년 연속 UEFA컵에서 우승하는 기염을 토했다.

1950~1960년대를 주름잡았던 맨체스터의 시대가 흘러가고 1970년대에 들어와 본격적인 리버풀의 시대가 열렸다. 1973년 UEFA컵을 차지한 것을 비롯해 네 차례의 리그 챔피언에 오른 리버풀은 잉글랜드리그의 최강자로 우뚝 서게 되었다.

더 콥(The Kop)의 탄생과 훌리건의 출현

리버풀이 더욱 유명해진 것은 바로 그들의 '노래하는 서포터들'인 더 콥(The Kop) 덕이었다. 더 콥은 리버풀의 관중석에서 따온 이름으로, 그 유래는 리버풀이 1906년 두 번째 리그 우승을 하던 때로 거슬러 올라간다. 리버풀은 리그 우승을 기념하기 위해 월튼 브랙가(Walton Breck Road)에 자리잡은 골대 뒤에 새로운 관중석을 짓기로 결심했는데 이 관중석이 완성될 무렵 한 기자가 이를 보고 '스피온 콥(Spion Kop)'이라고 부른 것이 그 시초가 되었다. 이는 바로 아프리카에서 벌어진 보어 전쟁 당시 같은 이름의 언덕에서 전사한 리버풀 출신 병사들을 추모하기 위한 것이었다. 마치 월남전 당시 수많은 미군들이 전사한 고지를 '햄버거힐(Hamburger Hill)'이라 부른 것과 같은 맥락이었다.

1960년대부터 이 관중석에서 서포터들이 경기 내내 서서 노래를 부르는 '새로운 문화'가 선보였다. 그간 간헐적으로 몇몇 관중이 경기장에서 노래를 부르는 경우는 있었어도 많은 사람이 함께 서서 그리고 경기 내내 노래를 부르는 경우는 없었기 때문에 이는 커다란 반향을 불러일으켰다. 당시 1960년대는 브리티쉬팝(British Pop)이 이제 막 전성기를 맞이하려던 시대였다. 그리고 그 중심에는 바로 리버풀 출신의 유명한 그룹 비틀즈(The Beatles)가 있었다. 바로 이런 배경에서 '노래하는 서포터' - 더 콥 - 가 탄생하게 되었던 것이다.

더 콥은 경기장에서 비틀즈의 「She loves you」, Freddie & The

Dreamers의 「I like it」, Cilla Black의 「Anyone who had a heart」 같은 노래를 부르며 선수들을 응원했다. 그리고 1963년에는 드디어 그들의 주제가라 할 수 있는 「You'll never walk alone」이 나오게 되었다. 원래 이 노래는 Gerry & The Pacemakers가 같은 해에 발표한 노래였는데 서포터의 정신을 노래하는 듯한 가사 때문에 곧바로 더 콥에서 부르기 시작했다. 이후 BBC에서 이들을 다룬 다큐멘터리 프로그램을 방영하면서 축구장에서 노래하는 문화가 영국 전역에 퍼지기 시작했고, 이는 오늘날 잉글랜드 서포터 문화의 중요한 축을 형성하게 되었다.

더 콥의 응원을 등에 업은 리버풀의 눈부신 약진 속에 1977년부터 1982년까지는 명실상부한 잉글랜드 클럽들의 최고 전성기였다. 리버풀이 챔피언스컵에서 세 차례 우승한 것을 비롯해, 노팅엄 포리스트와 아스톤 빌라가 번갈아 정상에 오르는 등 유럽 내에서 잉글랜드 클럽들의 독주는 계속됐다. 이러한 독주는 영원할 듯 보였다.

그러나 1960년대부터 잉글랜드 축구장에 등장하기 시작한 훌리건(Hooligan)들로 인해 잉글랜드 축구에 서서히 검은 먹구름이 드리우기 시작했다. 오늘날에는 훌리건이 하나의 일상어처럼 사용되고 있지만 이 이름이 쓰이기 시작한 역사는 의외로 짧다. 옥스퍼드 대학의 기록에 의하면 처음 이 단어가 쓰인 것은 1898년 영국의 한 조간지에서인데 그 어원에 대해서도 의견이 분분하다. 'Hooley's gang'이 와전되면서 생겨났다는 주장도 있고 아일랜드 출신으로 악명 높았던 깡패 'Houlihan'

가(家)에서 유래되었다는 주장도 있다. 반면 비슷한 시기에 슬라브어와 러시아어에서 같은 단어가 발견되었다는 점에 근거해, 이 단어가 동유럽에서 생겨나 영국으로 유입되었다는 견해도 있다.

그 유래가 어찌 되었든 원래 훌리건은 축구와 아무런 상관이 없었고 그저 거리에서 싸움을 일삼는 불량배나 깡패 등을 지칭하는 말이었다. 그러나 축구장 폭력이 점점 기승을 부리자 축구장에서 난동을 일삼는 무리들을 지칭하는 오늘날의 뜻을 가지게 되었다.

1960년 당시 잉글랜드에서는 철도를 중심으로 한 교통수단의 발달로 축구팬들의 원정응원이 막 피어났는데, 이런 과정에서 원정팬들과 홈팬들 간의 충돌도 빈번해지기 시작했다. 원정 온 팬들은 무리를 지어 다니며 행패를 일삼았고, 이들 중 몇몇은 상대 팬들을 공격하거나 기물들을 마구 파괴해서 큰 사회 문제로 대두되었다.

1970년대 들어서 잉글랜드에서는 런던의 동부 지역을 중심으로 새로운 청소년 문화가 싹트기 시작했다. 스킨헤드(Skinheads)의 등장이 바로 그것이었다. 극우성향, 완전히 밀어버린 머리, 통일된 복장으로 폭력을 일삼는 이들이 축구장에 모습을 나타내면서 드디어 오늘날 우리가 일반적으로 부르는 '훌리건'이라는 개념이 자리잡게 되었다. 이들은 극우파를 지지하는 티셔츠를 입거나 현수막을 내걸고 투견(鬪犬)과 무기 등이 그려진 엠블럼으로 자신들을 상징한 채 "영국 국기에 검은

색은 없으니 검둥이들은 꺼져라(There are no black in the Union Jack, so send the niggers back)" 등 유색인종 선수들을 비난하는 응원가를 부르며 이들을 향해 오물을 던지거나 폭력을 행사했다. 폭력의 정도도 점차 심해져 칼이나 쇠파이프 같은 무기가 등장하고 사상자까지 생겼다. 언론은 일제히 훌리건들을 비난하기 시작했다. 하지만 훌리건들은 이런 비난에 꿈쩍도 하지 않고, 오히려 이를 자랑스러워하며 늘어만 갔다.

1980년대 들어서 리버풀과 런던의 훌리건들을 중심으로 새로운 훌리건 세력이 등장하는데, '캐주얼(Casuals)'이라 불리는 무리들이 바로 그들이었다. 이전의 훌리건들이 노동자 중심이었던 것과는 달리 이들은 중류계층으로, 고급 메이커의 옷만을 입으며 이전의 훌리건들과 차별화를 시도했다. 캐주얼 훌리건들은 각 도시의 디스코텍 등을 중심으로 모여 축구장 폭력뿐만 아니라 마약 같은 각종 범죄에도 손을 뻗었다. 또한 대규모로 무리지어 다니던 이전의 훌리건과 달리 작은 그룹으로 나뉘어 움직였고, 이들 사이에 서로 연합을 맺고 경기장 난동이나 상대방을 향한 공격을 미리 계획하는 등 그 양상도 점차 복잡해졌다.

이처럼 축구장의 질서를 어지럽히는 훌리건의 수는 점차 늘어가고 있었지만 영국축구협회와 경찰은 이를 근절할 적절한 방안을 찾지 못했고, 문제는 더 커져만 갔다. 그리고 마침내 1980년대 영국 축구의 최대의 참극으로 기록된 헤이셀과 셰필드의 비극이 일어나게 되었다.

1985년 벨기에의 헤이셀 스타디움에서 벌어진 리버풀과 유벤투스 간의 챔피언스컵 결승은 그때까지 고공비행을 계속하던 잉글랜드 축구의 모든 것을 한순간에 바꾸어놓은 사건이었다. 경기 도중 리버풀을 추종하는 훌리건 세력들이 쇠파이프와 몽둥이를 든 채 일반 관중을 무차별적으로 폭행하기 시작했고 경기장은 순식간에 아수라장이 되었다. 공포에 질린 관중이 서로 먼저 피하기 위해 일제히 통로 쪽으로 몰리는 순간 한쪽에 자리잡은 콘크리트 벽이 붕괴되는 사고가 발생했다. 결국 여기에 깔린 39명이 목숨을 잃고 454명이 부상을 입었다.

전세계 4억 명의 시청자가 고스란히 생중계로 지켜본 이 사건의 파장은 엄청났다. 벨기에 경찰은 사건의 주동자인 훌리건 26명을 구속했고 유럽축구협회(UEFA)는 향후 5년간 모든 잉글랜드 클럽들의 유럽대회 참가를 완전히 금지시켰다. 이로써 유럽 정상을 달리던 잉글랜드 축구는 나락에 빠지고 말았다. 그간 훌리건의 문제점을 시인하면서도 미온적인 대처로 일관해오던 잉글랜드 클럽들이 결국 스스로 몰락을 자초한 셈이었다.

설상가상으로 연이은 1989년에 자그마치 265명의 사상자를 낸 힐스버루의 비극이 벌어지면서 잉글랜드 축구는 그야말로 평지풍파를 맞게 됐다. '테일러 리포트(Taylor Report)'라 불리는 프로축구의 전면적인 개혁조치에 따라 모든 경기장에서 입석이 사라졌고 막대한 공사비를 충당하기 위해 팀들은 너도나도 입장권 가격을 올려야만 했다. 팬들은 경기장을 떠나기 시작했고 각종 응원소리로 요란하던 잉글랜드 축구장의 풍경은 어느덧 사라지고 말았다. 가볍게만 봤던 훌리건이라는 악성 종양이 잉글랜드 축구 전체를 돌이킬 수 없는 구렁텅이에 빠뜨리고 만 것이다.

5년 후 UEFA의 징계는 풀렸지만 여전히 그 후유증은 컸다. 리네커(Gary Lineker), 게스코인(Paul Gascoigne) 같은 새로운 스타들이 등장했지만 국제경기 경험이 부족한 잉글랜드 클럽들은 번번이 고배를 마셨다. 이러한 악재는 국제무대에서도 고스란히 이어졌다. 1994년 월드컵 예선탈락이라는 충격적인 수모를 당한 잉글랜드는 2년 후 유럽 선수권을 개최하며 부흥을 꾀했지만 안방에서 숙적 독일에 우승컵을 내주며 다시 한번 눈물을 흘려야만 했다.

이러한 잉글랜드 축구를 살린 것은 바로 프리미어리그의 출범과 텔레비전의 힘이었다. 그간 하위 리그 팀들과 텔레비전 중계권료를 분배해야만 했던 1부 리그 클럽들이 이에 반발해 1992년 독자적으로 프리미어리그를 출범시켰고 천문학적인 가격으로 독점 중계권을 방송사에 판매했다. 뒤이어 각 구단의 자체 스폰서십 판매, 각종 마케팅 사업이 활발히 전개되기 시작하면서 잉글랜드 축구는 어느덧 스포츠를 넘어선 하나의 본격적인 '사업'으로 재탄생하게 되었다. 이로써 각 팀에 막대한 돈이 축적되고 보스만 판결에 따라 선수의 이적이 자유로워짐에 따라 프리미어리그가 1980년대의 영광을 재연할 수 있는 발판이 마련되었다.

마침내 1999년 챔피언스컵 결승에서 맨체스터 유나이티드가 기적 같은 역전승으로 바이에른 뮌헨을 꺾고 우승컵을 차지하면서 잉글랜드는 자그마치 15년간 계속되어온 무관(無冠)의 한을 풀게 됐다. 그리고 이듬해에는 리버풀이 UEFA컵에서 우승을 차지하는 등 최근 잉글랜드 축구는 예전의 영광을 되찾기 위해 본격적으로 기지개를 켜고 있는 중이다.

프리미어리그 운영방식

사실 프리미어리그라는 명칭은 스코틀랜드에서 먼저 사용하던 이름이었다. 그러나 1992년에 잉글랜드 최고의 클럽들이 모여 새로운 리그를 출범시키고 이를 프리미어리그로 명명하면서 오늘날 프리미어리그는 잉글랜드 축구를 가리키는 대명사가 되어버렸다.

1892년 단일 리그였던 리그체제는 두 개의 디비전(Division 1, Division 2)으로 나뉘어졌고 1923년부터는 두 개의 지역적인 구분에 의한 디비전 3와 디비전 4가 추가되었다. 이러한 리그 운영체제는 그 후 현재에 이르기까지 지속되었다. 다만 1958년, 디비전 3와 디비전 4가 지역적인 개념의 구분이 아닌 전국적인 개념의 리그로 개편되면서 잉글랜드리그는 네 개의 전국적 개념의 프로클럽들로 구성된 리그 운영체제를 갖추게 되었다. 잉글랜드는 1970~1980년대 리버풀을 중심으로 최전성기를 맞이했지만 훌리건의 난동으로 UEFA의 제재조치를 받아 위축되었고, 1980년대 후반에는 이탈리아와 스페인리그에

밀려 차츰 쇠락의 길을 걷는 듯 보였다.

이에 잉글랜드축구협회는 잉글랜드 프로축구의 부흥을 꾀하고자 1992년 프리미어리그의 출범을 결정짓고, 1992년 그 장대한 막을 올리는 데 성공했다. 원년 프리미어리그에는 총 22개의 클럽이 참가했는데, 이는 1992년 디비전 1에 포함된 22개의 클럽들에 의해 구성되었으며 두 시즌 뒤인 1994년부터는 두 개 팀이 줄어든 20개 클럽으로 축소되어 현재에 이르고 있다.

프리미어리그는 8월 중순에 시작되어 이듬해 5월 중순까지 계속되며 겨울 휴식기 없이 진행된다. 프리미어리그의 하위 세 개 팀은 '퍼스트 디비전(First Division)'이라 불리는 2부 리그로 강등되며, 퍼스트 디비전의 상위 두 개 팀과 플레이오프 승자는 자동으로 프리미어리그로 승격된다. 2, 3, 4부 리그 사이에도 역시 이와 같은 시스템이 적용된다. 한편 4부 리그 이하의 승격은 세미프로리그인 컨퍼런스의 챔피언에 의해 이루어지며 컨퍼런스의 우승팀은 승격을 위해 리그 규정에 준하는 경기장 등 제반 시설을 갖추어야 하는 제약이 뒤따른다.

제2부
라이벌 열전

축구장의 종교전쟁, 레인저스 vs. 셀틱

스코틀랜드 출신의 영화배우 숀 코너리(Sean Connery). 그의 고향은 에딘버러(Edinburgh)이지만 글래스코를 연고지로 하는 레인저스(Glascow Rangers)의 열렬한 팬이다. 반면 스코틀랜드 최고의 록가수로 추앙받는 로드 스튜어트(Rod Stewart) 역시 고향은 런던이지만 그는 글래스코를 연고지로 하는 셀틱(Glascow Celtic)의 둘도 없는 팬이다.

숀 코너리와 로드 스튜어트 같은 유명 인사만 그런 것이 아니다. 모든 스코틀랜드 사람들은 그 고향이 다르고 출신이 달라도 단 두 종류의 사람만이 존재한다는 속설이 있다. 스코틀랜드에는 오직 레인저스의 팬 아니면 셀틱의 팬만이 있다는 말이다.

이렇게 글래스코에 자리잡은 두 개의 팀, 글래스코 레인저스와 글래스코 셀틱은 스코틀랜드 최고의 축구팀들이자 자랑거리이며, 동시에 가장 큰 골칫덩어리이기도 하다. 그리고 무엇보다 두 팀은 서로를 끔찍하게도 미워하는 둘도 없는 원수지간이다. 이들 간에 시작된 라이벌의 역사는 자그마치 120년이 넘으며, 1888년부터 두 팀 간에 벌어져온 '글래스코 더비'는 세계에서 가장 오래된 라이벌전이자 가장 거칠고 폭력적인 축구경기로 악명이 높다.

두 팀 간의 경기 양상은 거의 매번 판에 박은 듯 똑같다. 경기장 밖에서는 경기 시작 전부터 양팀 팬들 간의 주먹질이 끊이지 않고, 그라운드에서는 시작 휘슬이 울린 지 10분도 안 돼 거친 태클로 인해 퇴장당하는 선수가 나온다. 경기가 계속되면 6-7장에 가까운 옐로카드 속에 선수들이 줄줄이 퇴장을 당한다. 어떤 때는 관중석의 팬들뿐만 아니라 그라운드의 선수들까지 주먹을 주고받는다. 이로 인해 6-2, 5-1 같은 스코어가 속출하는 경기, 이것이 바로 120년간 계속되어온 레인저스와 셀틱 간 더비매치의 역사이다.

레인저스와 셀틱 중 먼저 창설된 쪽은 레인저스였다. 지금으로부터 140년 전 '근대적 축구의 시작과 함께'라고 말해도 좋을 1872년에 설립된 레인저스는 유럽에서도 가장 긴 역사를 자랑하는 클럽 중의 하나였다. 이 팀은 숀 코너리가 주연한 영화 「하이랜더」의 배경으로 유명한 스코틀랜드 북부 고산지대에서 공을 차던 소년들이 모여서 만든 축구팀이었는데, 당시 여러 스포츠 클럽 중 최고의 인기를 누리던 럭비 클럽 중에서 이름을 따왔던 것이 오늘날의 '방랑자', 즉 레인저스의 어원이 됐다.

이렇게 해서 설립된 레인저스는 글래스코 시내 서부에 자리잡은 퀸스파크(Queen's Park)에 모여 정기적으로 공을 찼다. 레인저스는 곧 그 독특한 경기방식으로 명성을 얻게 됐다. 당시 잉글랜드에서 처음 시작된 축구는 그때까지만 해도 드리블 위주의 경기였지만 글래스코에서는 진흙탕이나 다름없는 경기장의 조건 때문에 이러한 축구를 한다는 것이 불가능했다. 자연스레 레인저스 선수들은 드리블이 아닌 패스 위주의 경기를 해야 했고, 이것이 발전해 잉글랜드와 구분되는 스코틀랜드 스타일의 축구로 자리잡아가기 시작했다. 글래스코에 원정을 온 다른 팀들은 주무기인 드리블이 퀸스파크의 논두렁 같은 잔디 때문에 완전히 봉쇄되어 허둥거렸고, 레인저스 선수들은 조직적인 패스를 앞세워 그들을 농락했다. 팀은 연전연승을 거듭했다. 그리고 이런 가운데 레인저스는 스코틀랜드를 대표하는 축구 클럽이자 근대 축구에 패스를 도입한 선각자로서의 명성을 쌓아가기 시작했다.

그러나 실력과 명성 모두에서 절대적인 위치를 차지하며 스코틀랜드 최강의 클럽으로 군림해오던 레인저스는 1888년 스코틀랜드리그가 창설되고 프로축구시대로 접어들면서 시련을 맞는다. 바로 레인저스가 '순수한 스포츠 정신을 지킨다'며 프로로의 전환을 거부한 채 홀로 아마추어팀으로 남았기 때문이었다. 지나치게 자신들의 실력에 도취된 나머지 내린 이 결정으로 인해 이후 레인저스는 몇 년간 그 대가를 톡톡히 치러야만 했다.

프로제도의 도입과 함께 축구전술의 보급은 급속히 이루어졌고, 다른 팀 선수들의 기량도 발빠르게 향상되었다. 이에 따라 레인저스는 더 이상 예전의 독보적인 위치를 지키는 것이 불가능해졌다. 새로 나타난 프로팀들 역시 레인저스가 자랑하던 패스전술을 능숙하게 사용하기 시작했고 여기에 프로 대 아마추어라는 객관적인 실력차까지 더해지면서 레인저스는 연패를 거듭, 예전의 위용을 완전히 잃고 말았다.

레인저스의 '철천지원수'인 셀틱이 등장한 것도 바로 이 시기이다. 셀틱은 같은 도시 동부에 모여 살던 아일랜드계 노동자들이 만든 축구 클럽이었다. 당시 글래스코에는 조선업이 한창이었던 관계로 아일랜드에서 많은 노동자들이 건너왔는데 이들은 스코틀랜드인들과 상이한 문화와 종교로 인해 많은 갈등을 겪어왔던 터였다. 이러한 이유에서 이들은 축구팀에 켈트족의 후예임을 표방하는 셀틱이라는 이름을 쓰고, 아일랜드 국기를 상징하는 녹색과 흰색의 유니폼을 채택했다. 이렇게 해서 셀틱은 그 자체만으로도 아일랜드를 상징하는 클럽이 됐다. 1887년 결성된 셀틱은 그 이듬해인 1888년 5월 28일 창설 후 첫 경기를 치르게 되었는데, 상대는 바로 같은 도시 서부에 위치한 레인저스였다. 동부의 셀틱과 서부의 레인저스가 격돌한 이 경기에서 셀틱이 5-2로 승리하면서 세계 최장의 라이별전이 시작된다.

　타향살이의 서러움에다가 개신교가 아닌 가톨릭이라는 이유로 각종 차별을 받아왔던 아일랜드 사람들에게 셀틱은 그야말로 구세주 같은 존재였다. 글래스코에 모여 살던 아일랜드 사람들은 셀틱의 경기가 있을 때마다 경기장을 찾았다. 그들은 열렬한 응원을 펼쳤고, 셀틱의 승리 속에 망향의 한을 달래며 아일랜드 사람임을 자랑스러워했다. 이러한 아일랜드 사람들의 뜨거운 셀틱 사랑은 글래스코를 넘어 스코틀랜드에 살고 있는 모든 아일랜드 사람들에게 빠르게 번져갔다. 그리고 여기에 아일랜드 본토의 열광적인 지지, 스코틀랜드 내 가톨릭 세력의 지원까지 가세하면서 셀틱은 10년도 안 되는 역사 속에 스코틀랜드 최강의 클럽으로 우뚝 서게 됐다. 셀틱은 1889년부터 1994년까지 6년 연속 스코틀랜드 챔피언에 오른 것을 비롯해 1996년과 1998년에도 우승하는 등 10년 동안 일곱 번이나 왕좌를 차지하며 아일랜드인들에게는 하나의 신화이자 상징 같은 존재로 자리잡아갔다.

　이렇게 '타지'에서 온 아일랜드인들의 축구팀이자 가톨릭교도들의 축구팀인 셀틱이 스코틀랜드 내에서 승승장구하자 다른 스코틀랜드 사람들의 심기는 불편해졌다. 특히 절대 다수를 차지하고 있는 개신교 단체들은 아일랜드계 셀틱 팬들이 경기장에서 공공연히 가톨릭 색채를 드러내는 것을 못마땅해했다. 이것이 자연스레 '정통파' 스코틀랜드 클럽인 레인저스에 대한 지지로 이어지면서 두 팀 간의 본격적인 경쟁은 시작됐다.

두 팀 간의 경기는 더 이상 단순한 축구경기가 아닌 스코틀랜드 내 개신교도와 가톨릭교도 간의 세력싸움, 스코틀랜드계 본토인들과 아일랜드계 이주민들의 자존심 대결로 변했고, 그 열기로 인해 글래스코는 물론 스코틀랜드 전역이 두 패로 갈리게 되는 결과를 가져왔다. 두 팀이 벌이는 '글래스코 더비'는 매 경기마다 6만 명 이상이 운집하는 빅매치로 자리잡아갔고, 그 승패에 따라 양팀을 지지하는 팬들의 희비를 엇갈리게 했다. 승패에 대한 집착이 얼마나 컸는지 1909년에는 두 팀이 무승부로 비긴 후 연장전을 실시하지 않자 성난 팬들이 폭동을 일으켜 매표소에 불을 지르고 경찰과 충돌하는 사태를 빚기도 했다.

그러나 1920년대까지 비교적 물리적인 충돌 없이 평화롭게 이루어지던 두 팀 간의 대결은 제1차세계대전 이후 새로운 양상을 맞게 됐다. 아일랜드 독립이 본격화되면서 아일랜드 본토는 피로 얼룩진 전쟁터로 변했다. 그리고 이 치열한 전쟁 끝에 가톨릭을 믿는 아일랜드 남부는 독립했지만 개신교를 믿는 북부가 여전히 영국의 지배 하에 놓이는 '반쪽짜리' 독립이 이루어지면서 두 세력 간의 감정도 그 도를 넘어서게 된 것이다.

비록 그 무대는 아일랜드였지만 피를 부르는 전쟁은 개신교도와 가톨릭교도, 영국인들과 아일랜드인들 간의 갈등을 심화시켰다. 특히 아일랜드가 완전 독립되지 못한 채 전쟁이 일시 중단되는 형태로 마무리되면서 전쟁의 불씨는 어느덧 축구장으로 옮겨 붙었다. 개신교를 상징하는 레인저스와 아일랜드계 가톨릭을 상징하는 글래스코의 경기는 단순한 축구경기를 넘어 서로에 대한 세력 과시의 무대로 변질됐다. 경기는 어느덧 승패와 상관없이 매번 폭력으로 얼룩지는, 축구라기보다는 격투기에 가까운 양상을 띠었다.

양팀 간의 이런 악감정을 더욱 격화시킨 것은 레인저스의 오랜 불문율이자 악명 높은 반(反)가톨릭 정책이었다. 이는 레인저스팀에 절대로 아일랜드계 선수나 가톨릭을 믿는 선수가 발을 붙이지 못하도록 하는 암묵적인 규율이었다. 가톨릭이건 개신교이건 상관하지 않고 기용하던 셀틱과 달리 레인저스가 이러한 반가톨릭 정책을 고집하면서 두 팀 간의 종교적 갈등은 관중뿐만 아니라 선수들 간에까지 이어지게 됐다. 결국 양팀 간의 경기는 그라운드와 관중석을 가리지 않고 온통 폭력으로 얼룩졌다.

온갖 비난 속에 계속되어오던 레인저스의 이런 정책은 1986년에 와서 잉글랜드 출신인 소우니스(Graeme Souness) 감독이 셀틱의 전 선수이자 가톨릭교도인 존스톤(Maurice Johnston)을 전격적으로 영입하면서 70년 만에 깨지게 됐다. 그러나 120년 간 계속되어온 양팀 간 미움의 역사는 아직까지도 계속되고 있는 것이 오늘날 스코틀랜드리그의 현실이다.

로쏘네리와 네라주리의 대결, AC 밀란 vs. 인터 밀란

현대 축구문화의 메카는 이탈리아이다. 옛 유고로부터 수입되어 1970년대부터 싹트기 시작한 이탈리아의 응원은 20년이 지난 지금 경기장에 없어서는 안 될 부분이 되었다. 대형 현수막, 조명탄, 연막탄에서부터 깃발과 각종 천 등으로 화려하게 무장한 그들의 응원방식은 저 너머 중남미 그리고 동유럽, 북유럽에까지 번져나갔다. 영국 서포터들의 응원방식이 여러 사람이 육성으로 함께 부르는 웅장한 응원가로 대표되는 청각적 응원이라면 이탈리아 서포터들의 응원은 대형 현수막, 조명탄, 각종 천 등으로 관중석을 화려하게 뒤덮는 시각적 응원이라는 평가를 받고 있다.

이탈리아에서 벌어지는 수많은 응원전 중에서 진수로 꼽히

65

는 것은 바로 더비매치에서 벌어지는 응원전이다. 이 중에서도 같은 홈구장을 사용하는 두 팀 간에 경기가 열릴 때 그 열기는 극에 달한다. 그리고 그 응원전의 백미이자 이탈리아 최고의 더비매치로 손꼽히는 것은 뭐니뭐니해도 산 시로 스타디움을 같이 사용하는 AC 밀란과 인터 밀란 간의 밀라노 더비이다. 두 팀의 애칭인 로쏘네리(Rossoneri : 적-흑, AC 밀란의 유니폼 색상)와 네라주리(Nerazzuri : 청-흑, 인터 밀란의 유니폼 색상)가 격돌하는 날 밀라노 시내 전체는 붉은색과 푸른색으로 나뉜 채 숨죽여 경기를 관전한다. 그리고 그 결과에 따라 환희와 눈물이 교차한다.

1910년부터 100년 가까이 진행되어온 두 팀 간의 대결은 단순한 도시 라이벌전 이상의 의미를 가져왔다. 특히 정치적 상황에 민감했던 이탈리아 축구의 굴곡진 역사 때문에 때로는 파시즘과 반파시즘의 대결이었고, 공산당을 주축으로 한 좌익세력과 우익세력 간의 대결이었으며, 어떤 때는 블루칼라의 노동자계급과 화이트칼라의 사무직 간의 대리전이기도 했다. 세계 최고의 선수가 모여 뛰는 밀라노 더비에 대한 관심은 이탈리아를 넘어 심지어 네덜란드와 독일 축구의 자존심을 건 대결의 장이 되기도 했다.

밀라노에 축구가 유입된 것은 1899년 영국인인 알프레드 에드워즈(Alfred Edwards)가 오늘날 AC 밀란의 전신인 '밀라노 크리켓 & 풋볼 클럽(Milan Cricket and Football Club)'을 설립하면서부터였다. 당시 밀라노에는 많은 영국인들이 거주하고 있었다. 이들은 일종의 사교모임을 통해 크리켓과 축구라는, 당시까지만 해도 아직 생소한 영국식 스포츠를 즐기고 경기 후 바에서 칵테일을 마시곤 했다. 그리고 점차 이 모임에 이탈리아 사람들이 동참하기 시작하면서 축구 명문 밀란 FC(Milan FC, 현 AC 밀란)의 역사는 시작됐다.

영국인들로부터 직접 전수받은 '정통 축구'를 구사한 덕에 밀란 FC는 짧은 기간 안에 이탈리아리그의 최강자로 등극했다. 불과 출범 2년 만인 1901년 첫 리그 우승컵을 거머쥔 것을 시작으로 1906년과 이듬해인 1907년에도 연속으로 우승한 것이다. 당시 밀란 FC와 대적할 수 있는 클럽은 제노아 정도로, 최강자 유벤투스도 단 1회 우승에 그쳤던 시기였다.

그러나 지나치게 빠른 성공 때문이었을까. 1907년 세 번째 우승을 차지한 밀란 FC는 그 이듬해인 1908년 3월 9일 팀의 분열이라는 날벼락을 맞게 된다. 바로 밀란 FC 내부의 독단적인 클럽 운영에 불만을 품은 이탈리아인과 스위스인 등 외국인들이 중심이 된 '반란세력'이 두오모 광장에 자리잡은 한 식당에 모여 밀란 FC를 집단으로 탈퇴하기로 결심한 것.

이 결정으로 전체 클럽의 절반에 가까운 멤버가 밀란 FC를 떠난 가운데 이들 탈퇴세력은 새로운 축구 클럽을 설립하기로 하고 그 이름을 '인테르나치오날레(Internazionale)'로 정했다. 영어의 '국제적', 즉 '인터내셔널'에 해당하는 이 새로운 이름은 클럽에 외국인들이 많았던 것을 반영하며, 그 대상을 이탈리아 선수에만 국한시키지 않고 전세계에서 우수한 축구선수들을 뽑아 최고의 클럽으로 만들겠다는 클럽의 의지를 담은 이름이었다.

이름에서 나타났듯이 외국인에게 문호를 적극적으로 개방한 인터 밀란의 출발은 성공적이었다. 밀란 FC에서 함께 탈퇴한 선수이자 타이어계의 거부 피렐리(Piero Pirelli)의 막강한 자금력을 바탕으로 인터 밀란은 빠르게 커나가기 시작했고 창립 2년 만에 프로 베르첼리(Pro Vercelli)팀을 자그마치 10-3이라는 점수로 대파하며 첫 우승컵을 차지하는 감격을 누린다.

팀을 떠난 '쿠데타파'들의 모임인 인터 밀란의 성공이 커갈수록 그 뒤에 남겨진 밀란 FC 회원들의 상대적 박탈감은 더욱 커질 수밖에 없었다. 자연스레 두 팀 간의 감정의 골도 깊어지고 라이벌 의식은 점점 강해져갔다. 그러나 회원의 절반이 빠져나가고 자금줄이었던 피렐리까지 사라져버린 밀란 FC는 인터 밀란의 상대가 될 수 없었다. 밀란 FC가 훗날 AC 밀란으로 이름을 바꾸고 다음 우승을 차지하기까지 자그마치 40년이나 걸렸다는 사실은 인터 밀란의 독립이 가져온 타격이 얼마나 컸던가를 보여주는 단편적 예라 할 수 있다.

1930년대 들어서 두 팀 간의 명암은 더욱 확연하게 갈리게되었다. 이는 바로 다름 아닌 이탈리아의 독재자 무솔리니의 등장 때문이었다. 파시즘을 등에 업고 집권한 무솔리니는 적성국인 영국의 색깔이 강했던 AC 밀란을 예전부터 못마땅하게 여겼다. 또 인터 밀란에 대해서도 외국인 선수들이 지나치게 개방적이라는 이유로 탐탁지 않게 생각하던 판이었다. 결국 무솔리니는 AC 밀란에 대해 각종 제도적 견제로 타격을 가하는 한편 인터 밀란에 대해서는 아예 본인이 직접 나서 자신의 입맛에 맞는 팀으로 개편을 하기에 이르렀다.

이 조치의 결과로 인터 밀란은 밀라노의 제3의 축구팀인 US 밀라네제(US Milanese)와 강제통합하게 됐고, 이름도 외국색이 강한 인테르나치오날레 대신 암브로시아나(Ambrosiana)라는 새로운 이름으로 바뀌었다. 여기에다 유니폼까지 붉은색과 흰색의 새로운 색깔로 바뀌게 되었다. 이에 인터 밀란의 팬들은 크게 반발했다. 팬들은 홈경기가 있을 때마다 무솔리니의 조치에 저항하는 의미로 스타디움에서는 계속 'Forza Inter'의 응원가를 부르며 시위를 했다. 결국 긴 투쟁의 결과로 그나마 팀의 이름 뒤에 '인터'를 붙인 '암브로시아나-인테르(Ambrosiana-Inter)'라는 이름을 사용할 수 있게 됐다.

비록 이런 시련들이 있기는 했지만 무솔리니 시대는 인터 밀란 최고의 전성기였다. 이는 바로 밀라노가 배출한 최고의 축구스타 메짜가 있기 때문이었다. 히틀러가 베를린 올림픽을 나치즘 선전의 장으로 이용했듯 무솔리니는 축구와 월드컵을 파시즘 선전의 장으로 이용했다. 그리고 그 중심에는 메짜가 있었다. 불과 열네 살이던 1924년 인터 밀란에 입단해 17세에 프로무대 데뷔와 함께 바로 득점왕에 오르고 19세에 국가대표팀에 발탁되었던 메짜는 그야말로 '살아 있는 전설'이었다. 자연스레 무솔리니는 메짜 본인의 의사와 상관없이 그를 파시즘의 영웅으로 추대했고, 그는 이탈리아 축구의 상징이자 밀라노의 영웅으로 자리잡게 된다. 메짜는 이탈리아에게 1934년과 1938년의 월드컵 우승을 안겨줬을 뿐만 아니라 인터 밀란에 게도 1938년 네 개의 우승컵과 1939년 첫 코파 이탈리아컵을 가져다주었다. 또한 그는 통산 247골을 기록하는 등 지금까지 도 깨지지 않는 불멸의 대기록을 세우며 이탈리아와 인터 밀 란 모두를 최고의 자리에 올려놓았다.

그러나 인터 밀란의 화려한 시대는 전쟁의 종식과 함께 무 솔리니가 사라지면서 끝나고 말았다. 그리고 그때까지 인터 밀란의 그늘에 가려 절치부심해야만 했던 AC 밀란의 대반격 이 시작되었다. 무솔리니 시대의 종식과 함께 인터 밀란은 그 토록 갈망하던 원래의 팀 이름을 회복했다는 사실에 기뻐했 다. 그러나 진정으로 기뻐했던 것은 바로 각종 차별과 불이익 을 겪어야 했던 AC 밀란의 팬들이었다. 무솔리니가 심은 갖가 지 방해제도 때문에 시달려야 했던 AC 밀란은 전쟁이 끝나자 마자 그간의 서러움을 한풀이라도 하듯 선수들을 닥치는 대로 사오기 시작했다. 그리고 1950년대 레알 마드리드의 디 스테 파노 같은 대선수와 비교될 '그레노리 트리오', 즉 그렌, 놀달, 리트홀름의 스웨덴 삼총사의 활약으로 1951년, 무려 44년 만 에 감격의 리그 우승을 차지하게 된다. 여세를 몰아 우루과이 최고의 스타이자 1, 2회 월드컵 연속 우승의 주역 스키아피노 (Juan Schiaffino)와 브라질의 '득점기계' 알타피니(Jose Altafini) 까지 영입한 AC 밀란은 그야말로 거칠 것이 없었다. AC 밀란 은 1950년대에만 네 차례나 우승을 차지했다.

1960~1970년대 이탈리아 경제의 순풍이 축구계에도 불어 닥치면서 AC 밀란과 인터 밀란은 자국 리그에서는 물론 유럽의 각종 컵 대회에서도 엎치락뒤치락하며 끊임없는 경쟁을 계속해나갔다. AC 밀란은 당시 최고의 우상이었던 '달리는 전차' 리베라(Gianni Rivera)의 환상적인 경기 운영을 앞세워 두 차례의 챔피언스리그 우승(1963, 1969)과 컵위너스컵 우승(1968, 1973), 리그 우승(1962, 1968)의 금자탑을 이룩했다. 인터 밀란역시 이에 뒤지지 않고 아르헨티나 출신 에레라 감독의 빗장수비 전술을 앞세워 세 차례의 리그 우승을 거두었고, 두 차례의 챔피언스컵과 인터컨티넨탈컵 연속 우승을 일궈내는 등 이탈리아와 유럽의 모든 우승컵들은 그야말로 이들 두 팀이 휩쓸다시피 했다. 한편 무솔리니 체제 하에서 친파시즘(인터 밀란)과 반파시즘(AC 밀란)으로 대립하던 두 팀의 팬들은 이탈리아의 복잡한 정치상황 속에서 이제는 화이트칼라와 블루칼라, 우익과 좌익으로 나뉘어 더욱 첨예하게 대립했다.

1970년대 들어 잠시 주춤하던 AC 밀란은 다시 1979~1980년 시즌에 리그 1위를 차지하며 우승을 차지하는 듯했으나 여기서 팀의 발목을 잡는 전대미문의 사건이 발생한다. 바로 승부조작 사건. 최고 승점으로 리그를 마쳤음에도 불구하고 AC 밀란은 이 사건으로 말미암아 2부로 좌천되었고, 여기서 그 유명한 이탈리아의 불세출의 스타 '태양의 아들' 로시가 선수 자격 박탈이라는 치명타를 받는 등 AC 밀란은 하루아침에 나락으로 떨어지게 된다. 그로부터 2년 뒤 다시 2부 리그 강등을 경험하며 파산 직전에 몰린 AC 밀란은 이탈리아 클럽 중 유일하게 단 한 번의 2부 리그 강등도 경험하지 않은 라이벌 인터 밀란의 모습과 대조되면서 자존심에 더욱 큰 상처를 받았다.

앞서 말했다시피 이 위기에서 벗어나게 된 전환점은 현재 이탈리아 수상이기도 한 베를루스코니의 구단주 취임이었다. 베를루스코니는 뇌물 스캔들로 고전하던 시기에 정치적 돌파구를 마련하기 위해 전격적으로 AC 밀란을 인수했고, 이후 팀 재건을 위해 엄청난 자금을 쏟아붓기 시작했다. 그는 당시 무명이었던 사치 감독을 기용했다. 사치 감독은 풍부한 자금을 바탕으로 이적료 신기록을 세우며 네덜란드의 '오렌지 삼총사'를 영입한 후, 이들 오렌지 삼총사를 축으로 한 공격 축구를 도입해 팀 이미지를 완전히 바꿔놓았다. 이 대대적인 변신으로 1988년 9년 만의 세리에 A 우승을 거둔 이후 AC 밀란의 행로는 그야말로 파죽지세였다.

이러한 AC 밀란의 가파른 상승세에 누구보다도 자극받은 것은 숙명의 라이벌인 인터 밀란이었다. 사실 1970년대 이탈리아 축구계의 외국인 선수 수입 금지령으로 인해 누구보다 큰 타격을 받았던 것이 '세계 각지의 모든 우수 선수들을 모은다'는 클럽 기치를 내걸었던 인터 밀란이었음은 두말할 나위가 없었다. 이후 1980년대 수입 금지 조치 철폐와 함께 다시 활기를 찾는 듯했으나 1980년 한 차례 리그 우승을 거둔 것 외에는 별다른 성적을 거두지 못해 초조해하던 참이었다.

결국 인터 밀란은 AC 밀란의 오렌지 삼총사에 맞서기 위해 거액을 들여 '독일 삼총사'를 영입하기에 이르렀고, 이후 두 팀 간의 대결은 네덜란드 축구와 독일 축구의 자존심을 건 대리전의 양상이 되었다. 독일 삼총사는 독일 대표팀에서 '세 명의 전차'라 불리던 '게르만의 혼' 마테우스, '킥의 마술사' 브레메 그리고 '금발의 폭격기' 클린스만이었다. 이들의 활약 덕에 인터 밀란은 1989년 10년 만의 리그 우승과 UEFA컵 우승이라는 두 마리 토끼를 함께 잡았고, 두 '삼총사' 간의 대결은 독일의 판정승으로 끝나는 듯했다.

그러나 월드컵 이후 이탈리아리그에서 독일 삼총사와 오렌지 삼총사의 운명은 한 명의 명장이 등장함으로 인해 완전히 엇갈리고 말았다. 그는 바로 AC 밀란의 감독 카펠로였다. 인터 밀란과 AC 밀란의 라이벌전은 다시 판도가 바뀌었다. 사치 감독이 기반을 다진 화려한 공격 축구에 카펠로 감독은 바레시-말디니-레이카르트-코스타쿠르타(Alessandro Costacurta)로 이어지는 세계 최강의 수비 라인을 더했고, 이를 기반으로 1992년 이탈리아 축구역사에 있어 사상 최초의 무패 우승이라는 전대미문의 대기록을 세우게 된다. 이 무패 행진은 1993년 3월 AC 파르마의 신예 골잡이 아스프리야(Faustino Asprilla)에게 결정타를 맞아 패할 때까지 무려 58게임이나 계속되었을 정도이다. AC 밀란은 그야말로 최강의 팀이었고 라이벌 인터 밀란은 물론 세계의 그 어떤 팀도 감히 맞서지 못할 정도였다. 특히 카펠로 감독은 1994년 유럽 챔피언스리그 결승에서는 오렌지 삼총사 없이도 바르셀로나를 상대로 역사적인 4-0 완승을 거두었다. AC 밀란은 그야말로 천하통일을 이룬 것이다.

그러나 1990년대 중반까지 계속된 화려한 고공비행은 카펠로 감독이 떠나면서 끝이 났다. 1990년대 중반 이후 AC 밀란은 하향세를 그렸고 인터 밀란 역시 같은 신세로 전락하고 말았다. AC 밀란만이 1999년에 한 차례 리그 우승을 거두었을 뿐, 인터 밀란은 10년째 리그 챔피언에 오르지 못하고 있고 유럽대회에서의 성적도 좋지 않다. 여기에는 베를루스코니 AC 밀란 회장이 이탈리아 수상으로 부임한 이후 두 팀 간에 역사적으로 유지되어왔던 정치적 라이벌 관계가 흐려졌기 때문이라는 분석도 나오고 있다. 그러나 분명한 것은 여전히 AC 밀란과 인터 밀란은 세계 최고의 명문클럽들이고, 이들이 벌이는 밀라노 더비는 세계에서 가장 화려하고 가장 치열한 라이벌전이라는 점이다. 이러한 라이벌 관계가 지속되는 한 두 팀의 발전은 계속될 것이다.

북런던의 패권은 우리가 다툰다,
아스날 vs. 토튼햄

축구의 종주국 잉글랜드. 세계에서 가장 오랜 리그를 갖고 있는 잉글랜드답게 오랜 역사를 두고 팀 간에 형성된 라이벌의 역사도 그만큼 길다. 리버풀과 에버튼 간의 머지사이드(Mersey Side) 더비와 맨체스터 유나이티드와 맨체스터 시티의 맨체스터 더비 등에서 벌어지는 경기들은 온 도시를 축구의 도가니로 밀어 넣는다.

잉글랜드의 수도 런던 역시 프로팀이 자그마치 여덟 개 팀이나 있으며 이들 간의 라이벌 의식 또한 대단하다. 얼마전까지만 해도 수도 서울에 단 하나의 프로팀조차 없었던 우리의 현실에서는 상상하기 힘든 사실이다. 이들은 서로 치열한 경쟁을 펼치며 성장하고 있다. 근대 축구의 규칙이 탄생한 후의 사상 첫 축구대회인 FA컵 대회를 개최한 도시답게 런던팀들은 대로 컵 대회에서 강한 모습을 보여왔다.

수도 런던의 맹주를 꼽는다면 단연 아스날이 꼽힌다. 런던에는 팀이 여덟 개나 있지만 그 중에서 리그 우승을 차지한 것은 단지 아스날과 첼시, 토튼햄 등 세 팀뿐이며 이들이 차지한 16개의 리그 우승컵 중에서 13개가 아스날의 것일 정도로 아스날은 절대적인 위치를 차지하고 있다. 이에 비해 웨스트햄(West Ham)은 주로 런던 동부 쪽의 팬들이 몰려 있는 편이며 밀월(Millwall)과 찰튼(Charlton)은 비록 그 수는 적지만 연고 지역 팬들의 충성스런 응원을 등에 업고 있다. 반면 퀸스파크 레인저스(QPR, Queens Park Rangers), 윔블던(Wimbledon) 그리고 크리스탈 팰리스(Crystal Palace) 등의 클럽들은 앞의 팀들에 비해 지지 기반이 매우 열악한 편이라 할 수 있다.

이들 여덟 개 런던팀 간의 더비 중에서 가장 대표적인 것을 꼽는다면 단연 아스날과 토튼햄 간의 북런던 더비가 꼽힌다. 두 팀 간의 앙숙관계는 런던 북부에 자리잡은 이들 클럽 간의 거리가 불과 5km에 불과한데다 이들이 기반하고 있는 팬계층이 전혀 다르기 때문에 시작됐다. 여기에다 역사적인 배경도 라이벌 의식에 한몫 작용했다. 전통적으로 그리스와 아일랜드계가 지원해온 아스날과 유대계가 지원해온 토튼햄의 기나긴 대립의 역사는 1913년 아스날이 테임즈 강 유역의 플렘스테드(Plumstead)에서 현재의 하이버리(Highbury)로 옮겨오면서 시작됐다.

당초 울위치(Woolwich)에 자리잡은 영국 왕립 해군 병기창 (Royal Arsenal Armaments Factory)을 기반으로 했던 아스날은 1886년 다이얼 스퀘어 FC(Dial Square FC)라는 이름으로 출범한 클럽이었다. 팀멤버 대부분은 군수공장에서 일하던 스코틀랜드인들로 이들이 공을 찰 때 당시 최강 클럽 중의 하나였던 노팅엄 포리스트(Nottingham Forest)에서 붉은색 유니폼을 빌려 입은 것이 오늘날까지 이어진 전통이 되었다. 다이얼 스퀘어 FC는 얼마 후 클럽 이름을 로얄 아스날 FC(Royal Arsenal FC)로 바꾸었으며 당시 잉글랜드 클럽 중에서는 매우 이른 1891년에 프로로 전환했다. 아스날은 1904년 1부 리그로 승격했으나 곧 재정적 문제에 봉착했고 9년 후인 1913년 다시 2부 리그로 추락하고 말았다.

아스날의 구단주인 노리스(Henry Norris)는 이러한 클럽의 재정난을 근본적으로 해결하기 위해서는 보다 많은 인구가 있는 지역으로 이주하는 방법밖에 없다고 생각했다. 그는 킹스 사거리(King's Cross)에서 접근이 용이한 런던 북부의 인구밀집 지역, 바로 하이버리에 눈을 돌렸다. 인구가 많다는 장점 외에 질레스피(Gillespie) 기차역에서 가까운 것도 하이버리가 가진 커다란 매력이었다. 이 지역에서 먼저 정착해 있던 토튼햄 구단은 아스날의 이전에 강력히 반발했으나 노리스 구단주는 이를 묵살하고 아스날의 이전을 강행했다. 이로써 마치 전쟁과도 같은 북런던 더비의 역사가 시작됐다.

한편 아스날보다 4년 빠른 1882년에 창단된 토튼햄은 런던 북부의 노섬버랜드 파크(Northumberland Park)에서 공을 차던 학생들이 설립한 클럽이었다. 그들은 셰익스피어 작품에 노섬 버랜드(Northumberland)가 출신으로 등장하는 헨리 퍼시(Henry Percy)의 별명인 해리 핫스퍼(Harry Hotspur)에서 그들의 클럽 이름을 따왔고, 1899년에 현재의 화이트 하트 레인(White Hart Lane)으로 이주했다. 1900년 토튼햄은 아마추어 지역 리그에 서 우승했고, 1901년 지역 리그 소속으로 FA컵 대회에서 우 승하는 마지막 클럽이 됐다. 이때 벌어진 우승 축하연에서 런 던 시장의 부인이 푸른색과 흰색이 섞인 리본을 토튼햄의 우 승컵에 묶었는데 이것이 오늘날까지 이어지고 있는 토튼햄의 전통이자 FA컵 우승의 전통이 되었다. 이 때문에 토튼햄이 FA컵 우승에 대해 가지는 자부심은 그야말로 각별하다. 1909 년 잉글랜드리그에 합류한 토튼햄은 경기장 증축을 하는 등 발전 일로에 놓이는 듯했다. 그러나 1913년 아스날이 화이트 레인에서 불과 5km 떨어진 코앞인 하이버리로 이사 오면서 토튼햄은 불편한 이웃과 함께 '한 지붕 두 가족' 생활을 시작 하게 됐다.

당초 아스날의 이주를 반대하긴 했지만 1부 리그에 속한 토 튼햄은 2부 리그를 들락날락거리는 아스날을 애써 외면했다. 자기들이 북런던 축구 클럽의 원조라는 자존심도 있었지만 무 엇보다 토튼햄은 1921년 두 번째 FA컵을 거머쥐며 고공비행 을 계속한 반면 아스날은 우승 문턱에조차 가본 적이 없는 약 체팀이었기 때문이었다. 그러나 1925년 아스날의 역대 감독

중 최고의 명장으로 꼽히는 채프만이 오면서 상황은 완전히 역전되고 말았다. 현재 아스날이 사용하고 있는 붉은색과 흰색의 혼합 유니폼을 디자인하기도 한 채프만 감독은 아스날을 순식간에 영국 전역에서 가장 두려운 명문클럽으로 바꾸어놓았다. 채프만 감독이 이끌던 9년 동안 아스날은 리그 챔피언 4회 우승, FA컵 1회 우승을 일구는 등 그야말로 믿을 수 없는 변신을 이룩했다.

단지 한 명의 감독이 왔다고 해서 팀이 이렇게 단숨에 변화할 수 있는 것일까? 채프만의 이 믿을 수 없는 성공의 이면에는 바로 축구의 변화를 정확하게 파악한 그의 안목이 있었다. 그리고 그 축구의 변화란 바로 다름 아닌 새로운 오프사이드 (off-side)룰의 도입이었다. 정확하게 채프만이 부임한 해와 같은 년도인 1925년에 도입되기 시작한 새로운 오프사이드룰은 축구에 있어서 그야말로 하나의 혁명에 가까웠다. 그 이전에도 오프사이드룰은 있었지만 이는 현대와 전혀 다른 형태의 것이었다. 이 때문에 그 이전의 축구는 체계가 전혀 없이 골키퍼를 제외한 전원이 공격과 수비를 함께 하는 원시적인 수준의 것이었다. 일단 볼을 잡으면 수단과 방법을 가리지 않고 앞으로 전진하고, 볼을 뺏기면 모두 수비에 가담하는 등 한마디로 뒤죽박죽이어서 전술이라고 부르기에는 부끄럽고 단지 럭비처럼 공의 움직임에 따라 물결처럼 이리저리 움직이는 동네축구 수준이었다.

그러나 1925년 축구규칙이 개정되어 현재의 오프사이드와 같은 방식이 적용되면서 축구계의 판도는 완전히 뒤바뀌었다. 이전의 오프사이드 규칙에서는 공격시 반드시 최소 세 명의 상대 수비수가 있어야 했기 때문에 별다른 전술 없이도 수비가 가능했지만 이것이 두 명으로 축소되면서 각 팀들은 보다 전술적이고 체계적인 시스템을 요구받게 되었다.

채프만 감독은 이러한 시대의 흐름에 주목하고 자신의 오른팔이라 할 수 있는 스트라이커 버츤(Charlie Buchan)과 함께 새로운 경기규칙에 적합한 시스템을 만들어내기 위해 연구를 거듭했다. 채프만은 그 결과 전진 배치된 상대 공격수들의 중앙 돌파를 막기 위해 중앙 미드필더인 센터하프를 후퇴시킴으로써 이중의 두터운 수비벽을 만들었고, 그 이전까지 다섯 명이나 되던 공격수 가운데 두 명은 중앙으로 처져 수비를 강조하는 중앙 하프로서의 역할을 맡겼다. 이로 인해 생겨난 시스템이 바로 당시 축구에 있어 혁명이라 불린 그 유명한 3-2-2-3시스템(일명 WM시스템)이었다.

새로운 시스템을 도입한 아스날은 약체에서 일순간 무적으로 변신했다. 새로운 전술 변화에 적응하지 못한 채 예전과 같은 단조로운 중앙 돌파만을 고집하던 상대팀들은 미드필드에서부터 아스날의 이중 수비망에 번번이 걸릴 수밖에 없었고 거의 90분간 일방적인 공격을 벌이고도 한 골도 뽑아내지 못하는 사태가 연출되기에 이르렀다. 반면 아스날은 상대의 공격을 재빠르게 차단한 후 중앙 하프-포워드에게 재빠르게 연결하는 역습형태로 매 경기 재미를 보았다. 때문에 당시 아스날의 거의 모든 경기에서는 상대방이 시종일관 계속 공격을 펼치고도 단 한 번의 역습으로 실점해서 패배하는 상황이 반복되었다. 라이벌 토튼햄을 비롯해 그간 아스날을 약체라고 깔보았던 다른 팀들에게 이러한 연이은 어이없는 패배는 도저히 받아들일 수 없는 충격적인 사건이었다. 무엇보다 아스날이 경기 내용에서는 계속 밀리고도 그저 단 한 번의 역습으로 계속 승리를 챙겼기 때문에 상대팀들은 아스날의 승리가 실력보다는 단지 운이 좋아서라고 애써 폄하했다. 나아가 아스날이 채택하고 있는 역습 위주의 경기방식이 축구의 신사적인 룰을 파괴하는 비겁한 전술이라는 비난까지 나오는 등 아스날은 어느덧 잉글랜드 축구 내 '공공의 적'이 되어버렸다. 오늘날까지 아스날에게 꼬리표처럼 따라다니는 '재수 좋은 아스날(Lucky Arsenal)'이나 '재미없는 아스날(Boring Arsenal)' 같은 비난들은 이때부터 나오기 시작했다.

그러나 이러한 시샘들에도 불구하고 아스날이 거둔 성적은 실로 눈부신 것이었다. 1930년 토튼햄 팬들이 자신들만의 전유물이라 생각했던 FA컵을 거머쥐며 첫 테이프를 끊은 아스날은 다음해에는 리그 우승까지 차지해 라이벌의 콧대를 완전히 눌러버렸다. 1934년 명장 채프만의 갑작스런 죽음으로 아스날은 잠시 흔들리는 듯했지만 라디오 해설자 출신의 앨리슨(George Allison)이 팀 전술을 성공적으로 이어나가면서 신화는 계속됐다. 1933년부터 리그 3회 연속 우승을 차지한 아스날은, 1936년 두 번째 FA컵 우승, 1938년에는 다섯 번째 리그 우승을 차지하는 등 거칠 것이 없었다. 반면 토튼햄은 이러한 라이벌의 눈부신 성공을 그저 부러운 눈으로 쳐다볼 수밖에 없었다. 오프사이드룰이라는 시대의 흐름을 제대로 읽지 못한 것이 두 클럽의 운명을 완전히 뒤바꿔놓은 것이다.

제2차세계대전 이후에도 아스날은 두 차례의 리그 우승과 한 차례의 FA컵 우승을 추가하며 나쁘지 않은 나날을 보냈다. 그러나 1960년대에 들어서서 토튼햄에 아서 로(Arthur Rowe)라는 명장이 들어오면서 이번에는 토튼햄의 반격이 시작되었다. 로 감독은 이제는 낡아버린 WM전술을 과감하게 버리는 대신 '푸쉬 앤 런(push & run)'이라는 새로운 경기 스타일로 토튼햄을 다시 북런던의 맹주 자리에 올려놓았다. 당시 잉글랜드에서는 소위 '킥 앤 러쉬'라 불리는 롱패스 위주의 단조로운 경기스타일이 유행이었는데 로 감독은 이러한 전술을 정면으로 반박하는 짧은 패스와 선수들의 빠른 움직임을 강조한 전술을 들고 나온 것이다. 당시로서는 획기적이라 할 수 있는 이 선구자적인 전술은 훗날 감독으로 1966년 잉글랜드 월드컵 우승을 이끈 람지까지 코치진에 합류하면서 완벽한 진영을 갖추게 되었다. 뛰어난 패스 능력을 자랑하는 블랜치플라워(Danny Blanchflower)의 경기 조율과 메케이(Dave Mackay)의 거친 수비 그리고 마치 저격수와도 같은 화이트(John White)의 골 결정력까지 더해진 토튼햄은 그야말로 무적이었다. 푸쉬 앤 런 전술을 앞세운 토튼햄은 리그 내에서 무패행진을 계속했고, 1960년에는 20세기 들어 처음으로 리그 우승과 FA컵을 동시에 석권하는 '더블(double)' 금자탑을 이룩했다.

푸쉬 앤 런 전술을 앞세운 토튼햄의 고공비행은 유럽무대에서도 계속됐다. 1961년 AC 밀란에서 활약하던 그리브스(Jimmy Greaves)를 영입한 토튼햄은 1962년 유러피언컵 준결승 진출과 FA컵 2연패를 달성한데 이어 1963년 컵위너스컵 결승에서는 스페인의 아틀래티코 마드리드를 5-1로 대파하며 우승을 차지했다. 잉글랜드 클럽으로서는 사상 처음으로 유럽대회에서 우승하는 기염을 토한 토튼햄은 자신들의 상징인 파랗고 흰 리본을 유럽컵에도 묶으며 영광의 행진을 계속했다.

토튼햄은 주 공격수인 화이트가 골프를 치다 번개에 맞아 사망하는 어이없는 사건으로 한 차례 시련을 겪는다. 이를 구해준 것은 바로 베너블스(Terry Venables)의 등장이었다. 첼시에서 온 베너블스의 활약 속에 토튼햄은 1967년 그의 친정팀인 첼시를 꺾고 다시 한번 FA컵을 품에 안게 되었다. 특히 베스트(George Best)와 함께 '북아일랜드의 영웅'이라 불렸던 골키퍼 제닝스(Pat Jennings)의 영입 이후 토튼햄은 전력이 급상승해 UEFA컵을 비롯해 FA컵과 리그컵까지 모두 차지하며 최고의 전성기를 보냈다. 그러나 1974년 토튼햄과 40년의 역사를 같이한 니콜슨(Nicholson) 감독이 사임하자 토튼햄은 추락을 거듭, 1977년 2부 리그로 강등되는 수모를 겪는다.

1960년대의 긴 침체기 속에 토튼햄의 성공을 가슴 쓰리게 지켜봐야만 했던 아스날은 1970년대 들어서 다시 부활의 기지개를 켰다. 1971년 아직까지도 '하이버리의 영웅'이라 칭송

받는 노스 뱅크(North Bank)의 연장 결승골로 리버풀을 꺾고 역사적인 FA컵 우승을 일군 아스날은 며칠 후 다른 장소도 아닌 바로 토튼햄의 홈구장인 화이트 레인에서 토튼햄을 꺾고 리그 우승을 확정지었다. 자신들만의 자랑이었던 '더블'의 영광을 라이벌이 차지하는 광경을 안방에서 지켜봐야만 했던 토튼햄의 팬들은 원통함에 눈물을 보였고 두 팀 간의 라이벌 의식은 그 어느 때보다도 높아졌다.

그러나 두 팀 간의 악감정을 격화시킨 결정적인 사건은 1977년 토튼햄이 2부 리그로 강등되면서 일어났다. UEFA컵 우승, FA컵 우승, 리그 우승 등 토튼햄에 숱한 영광을 안겨준 골키퍼 제닝스가 팀이 2부 리그로 추락하자 팀을 떠난 것이다. 문제는 제닝스가 팀을 떠난 것이 아니라 바로 그가 옮긴 팀이었다. 제닝스는 다름 아닌 숙적 아스날에서 새로 둥지를 틀었고, 그렇지 않아도 2부 리그 강등의 충격에 휩싸여 있던 토튼햄 팬들은 엄청난 박탈감과 배신감에 치를 떨어야만 했다.

제닝스의 영입에 힘입은 아스날은 1979년 FA컵을 우승하는 업적을 세웠다. 하지만 아스날의 성공이 크면 클수록 토튼햄 팬들의 박탈감과 증오 역시 커져만 갔다. 1980년대 초반 다시 토튼햄이 FA컵 2회 우승과 두 번째 UEFA컵을 차지하며 잠깐의 중흥기를 맞았지만 이미 두 팀 간의 감정의 골은 걷잡을 수 없이 깊어지고 만 상태였다. 설상가상으로 1980년대 중반 들어 훌리건까지 등장하면서 두 팀 간의 라이벌 의식은 폭력적으로 변해갔고, 1960~1970년대에 건전한 경쟁을 통해 전성기를 구가하던 런던 클럽들은 일순간 몰락하고 말았다.

1990년대 들어서면서 두 클럽은 각각 다른 문제에 봉착하기 시작했다. 원래부터 재정상태가 좋지 않았던 토튼햄은 무리한 선수 영입으로 문제가 커진 상태였다. 반면 아스날은 프랑스 출신의 벵거(Aresene Wenger) 감독과 그가 데리고 온 앙리(Thierry Henry), 윌토르(Sylvain Wiltord), 피레(Robert Pires), 비에이라(Patrick Viera) 등 '프렌치 커넥션'이라 불리는 프랑스 진영으로 리그 최강의 공격 축구를 보여주고 있었다. 다만 아스날에 단 하나의 약점이 있었으니 그것은 바로 공격에 비해 턱없이 빈약한 수비력이었다.

당시 아스날에는 잉글랜드 최고의 수비수이자 주장이던 토니 애덤스가 중앙에서 홀로 분전했지만, 포백 수비를 사용하고 있는 벵거 감독의 전술에서 그와 짝을 맞출 센터백이 없는 상황이었다. 아스날은 호화진영을 갖추고도 계속 우승 문턱에서 좌절해야만 했다. 약점은 수비, 늘 수비가 문제였다.

그러던 2001년 여름의 어느 날 영국 전역을 충격에 휩싸이게 한 대사건이 벌어졌다. 토튼햄에서 1992년부터 10년간이나 활약했던 붙박이 수비수 캠벨(Sol Campbell)이 토튼햄을 떠나 아스날로 이적한 것이었다. 20년 전 제닝스 사건에 한 차례 몸서리를 쳤던 토튼햄 팬들은 분노에 몸을 떨었다. 2001년 자유계약선수(FA)로 풀리는 캠벨이 이탈리아와 스페인의 명문 구단들로부터 계속 영입제의를 받아왔던 것은 주지의 사실이었지만 유독 그 많은 클럽들 중 아스날로 이적한 것이었다. 더

구나 이적이 발표되던 전날까지도 "절대로 아스날로 가는 일만은 없을 것"이라고 했던 캠벨이기에 그를 믿던 토튼햄 팬들은 그야말로 '등에 칼이 꽂힌 격'이었다.

격분한 몇몇 토튼햄 팬들은 캠벨에 대한 살해협박을 하기에 이르렀고 경찰이 신변경호 대책을 세우는 등 악감정은 커졌다. 여기에 아스날 팬들이 "캠벨이 오죽하면 친정집을 버리겠냐"며 비아냥거리자 양팀의 악감정은 격화됐다. 수비력에 구멍이 있던 아스날에 캠벨이 이적하면서 아스날은 프리미어리그와 FA컵을 동시에 석권하는 더블을 이룩했고, 토튼햄은 이러한 아스날의 성공을 분노 속에서 바라만 볼 수밖에 없었다.

특히 2004년 4월 26일 아스날이 리그 역사 100년 사상 첫 34경기 무패 우승을 하필 다시금 토튼햄의 홈구장인 화이트 레인에서 확정지으면서 두 팀 간의 영원한 숙적관계는 여전히 현재 진행형으로 계속되고 있는 상황이다.

라 마르세이즈와 르 파리지엥, OM vs. PSG

1904년 국제축구연맹(FIFA)을 탄생시킨 일등 공신이었던 프랑스는 영국 내에서 행해지던 공놀이를 세계 최고의 스포츠 종목으로 발전시킨 나라로 꼽히고 있다. 이 때문에 축구의 역사에 있어서 결코 어느 나라에도 뒤지지 않는 프랑스는 1932년부터 프랑스축구협회(FFF, Fédération Française de Football)가 주관하는 리그 르 샹피오나(le Championnat, 프랑스어로 '선수권'을 뜻함)가 운영되고 있다.

이러한 르 샹피오나 내 최대의 라이벌은 파리를 연고로 하고 있는 뻬에스줴(PSG), 파리 생제르망(Paris Saint-Germain)과 해양도시 마르세유를 연고로 하는 로 엠므(l'OM), 올림피끄 마르세유(Olympique de Marseille) 간의 라이벌전이다. 프랑스 북부의 중심 도시는 파리이고, 남부는 마르세유이다. 이 두 도시 간에는 파리 사람은 남부 사람을 게으름뱅이라 놀리고, 남부 사람은 파리 사람을 돈만 아는 사람으로 인식하는 뿌리 깊은 지역감정이 놓여 있다.

두 도시의 인구구성을 살펴보면 그 이유가 나타난다. 국제 도시인 파리는 파리지엥 특유의 다소 시니컬하면서도 차분한 기질을 지니고 있다. 반면 기원전 6세기 그리스 무역상들이 정착하면서 형성된 마르세유는 20세기 들어 모로코와 알제리, 이탈리아, 스페인, 포르투갈 등으로부터 많은 이민자들이 몰려들어 프랑스 내에서도 라틴 특유의 다혈질적인 기질이 가장 강한 곳으로 평가받고 있다.

이렇게 각가 프랑스 제1, 2의 도시를 연고로 하고 있는 PSG 와 OM이 걸어온 길은 전혀 다르다. 클럽 간의 역사로 따지자면 PSG는 OM의 상대가 되지 못한다. OM은 1960년대 말부터 1970년대 초까지 리그 우승 8회를 차지하며 프랑스리그를 주름잡던 '레 베흐(Les Verts, 초록군단)' 생떼띠엔(St. Etienne)이 2부 리그로 추락한 후 르 샹피오나를 석권한 클럽이었다.

OM의 엠블럼에 쓰어 있는 구단의 슬로건인 '드후아 오 뷔!, 골을 향해 똑바로!(Droit au But, Straight for Goal)'라는 모토처럼 OM은 늘 앞을 향해 거침없이 나아갔다. OM은 '처음'이라는 영광스런 타이틀이 늘 함께했다. OM은 프랑스컵에 처음부터 참가했으며, 아마추어 챔피언십에 처음 참가한 팀이고, 프랑스 프로리그에도 처음부터 참가한 창단 멤버였다. 마르세유 팬들이 OM에 대해 가지는 긍지 역시 높을 수밖에 없었다.

항구 도시인 마르세유는 영국과 인접한 탓에 프랑스 내에서도 축구가 가장 먼저 전파된 도시 중의 하나였다. 19세기 말부터 영국 선원들과 노동자들에 의해 축구가 전파됐고 이들이 중심이 되어 1895년 OM의 전신인 르 스포팅 클럽 드 마르세유(le Sporting Club de Marseille)가 탄생했다. 축구와 럭비를 중심으로 하던 르 스포팅 클럽 드 마르세유는 1899년 올림피끄 마르세유로 이름을 바꾸었고, OM는 그 이듬해에 곧바로 지역 리그인 '해안 챔피언십' 초대 챔피언에 등극했다.

창단 때부터 위브온느 스타디움(Huveaune Stadium)을 사용하던 OM는 1938년 프랑스 월드컵을 위해 기존의 경륜장을 개조한 벨로드롬 스타디움(Velodrome Stadium)이 오픈하면서 경기장을 옮겼다. 1970년대까지 리그를 주름잡던 레 베흐 생 떼띠엔의 위세에 눌려 있던 OM는 1970년 브라질의 월드컵 영웅인 자일징요를 영입하면서 1972년 리그 우승과 FA컵을 동시에 석권하는 영광을 안았다.

오늘날 OM의 숙적인 PSG는 이 시기에 와서야 창단되었다. 파리를 연고로 하던 라싱 클럽 드 파리(Racing Club de Paris)가 1970년 해체되자 축구를 원하던 2만여 명의 파리 시민들이 자발적으로 파리를 연고로 하는 축구팀 탄생을 위한 모금운동을 시작했고, 이러한 분위기 속에 생제르망엔라이(Saint-Germain-En-Laye)와의 통합을 통해 파리 생제르망(Paris Saint-Germain), PSG가 탄생하게 됐다. 이들의 목표는 프랑스의 수도 파리를 빛낼 세계적인 명문클럽을 만드는 것이었다. 그러나 그 꿈을 이루기에는 그들 앞에 있는 OM라는 거대한 벽의 존재가 너무나도 컸다.

사실 1980년대 부도 직전까지 내몰렸던 OM가 리그의 최강자가 될 수 있었던 것은 순전히 베르나르 타피에(Bernard Tapie)라는 재력가의 등장 때문이었다. 정치인이자 재벌 사업가였던 타피에는 1985년 OM의 구단주로 새로 취임해 클럽에 엄청난 돈을 쏟아부었다. 한때 재정난으로 2부 리그에까지 떨어졌던 팀은 타피에의 자금력에 힘입어 일순간에 명문이 되었다. 파팽(Jean-Pierre Papin), 워들(Chris Waddle)과 같은 슈퍼스타들을 마구잡이로 영입한 OM는 순식간에 르 샹피오나의 최강자로 우뚝 섰다. 프랑스리그에서 이와 같은 대대적인 투자는 사상 처음 있는 일이었고, 이 덕에 OM는 1989년부터 4년 연속 리그 우승을 차지하는 금자탑을 세웠다. 신생팀인 PSG는 말할 것도 없고 프랑스 내에서 OM에 대적할 팀은 그 누구도 없었다.

그러나 타피에의 야망은 여기에 그치지 않았다. 그는 OM를 프랑스를 넘어선 세계적인 명문구단으로 만들기를 원했고 이를 위해 유럽 챔피언스컵을 목표로 삼았다. 타피에는 골키퍼 바르테즈(Fabian Barthez)를 비롯해 데자이(Marcel Desailly), 데샹(Didier Deschamps), 쾰러, 복시치(Alen Boksic) 등 우수한 선수들을 돈이 되는 대로 사 모았다. 이들의 활약에 힘입은 OM는 1992년 챔피언스컵 결승에까지 진출했지만 당시 혜성처럼 등장했던 복병 레드스타 베오그라드에게 결승골을 내주며 눈앞까지 다가왔던 우승컵을 놓치고 말았다.

이듬해인 1993년 OM는 다시 한번 챔피언스컵 결승에 진출했다. 상대는 이탈리아의 AC 밀란이었다. 당시 AC 밀란은 설명이 필요 없는 세계 최강의 팀이었다. 명장 카펠로 감독이 이끄는 AC 밀란은 바레시-말디니-레이카르트-코스타쿠르타로 이어지는 세계 최강의 수비 라인과 반 바스텐이라는 천재 골잡이의 활약으로 1992년 이탈리아 사상 최초의 무패 우승이라는 전대미문의 대기록을 세운데 이어 1993년까지 58경기 연속 무패 행진을 계속할 정도로 그야말로 무적의 팀이었다.

그러나 축구공은 둥근 법이다. 전문가들 모두 AC 밀란의 절대적인 우세를 점친 가운데 뮌헨 올림픽 경기장에서 벌어진 결승전에서 전반 종료 직전 터진 볼리(Basile Boli)의 헤딩골을 끝까지 지킨 OM가 우승을 차지한 것이다. 타피에의 야망은 물론, 단 한 번도 유럽컵을 차지하지 못했던 프랑스의 꿈이 실현되는 순간이었다. 마르세유 시내는 광란에 빠졌고 전 프랑스가 열광했다. 그러나 이러한 기쁨은 불과 24시간을 넘기지 못했다. 마르세유가 챔피언스컵을 차지한 바로 다음날 OM의 승부조작 스캔들이 폭로됐고 이어 타피에 구단주의 회계장부 조작, 공금 유용 등의 각종 개인 비리들이 봇물 터지듯 터져 나왔다. 프랑스리그가 아닌 챔피언스컵에서의 승부조작 혐의까지 나오면서 OM의 우승은 일순간 프랑스의 영광에서 수치로 뒤바뀌었다. 프랑스축구협회에 의해 1부 리그 라이센스를 박탈당한 OM는 2부 리그로 강등됐고 유럽컵 출전 자격도 상실하고 말았다.

1989년부터 1992년까지 4년 연속 우승을 차지하며 절대강자로 군림하던 OM이 일순간 나락으로 떨어지자 그동안 OM의 위세에 눌려 있던 PSG가 드디어 일어서게 됐다. 프랑스 최대의 케이블TV 회사인 까날 플러스(Canal Plus)의 막강한 자금력을 등에 업은 PSG는 OM가 떠난 프랑스리그를 석권하기 시작했다. 지놀라(David Ginola)와 웨아(George Weah)를 앞세운 PSG는 1993년 프랑스컵 우승, 그 이듬해에는 리그 우승을 차지한데 이어 마침내 1996년에는 3대 유럽컵의 하나인 컵위너스컵 우승을 차지하며 우뚝 섰다. PSG의 페르난데스(Luis Fernandez) 감독은 프랑스 감독으로서는 처음으로 유럽컵을 우승하는 영광을 맛보았고 파리 시민들은 모두 샹젤리제 거리로 뛰쳐나와 열광했다.

사실 컵위너스컵 우승 이전까지 PSG에 대한 파리 시민들의 반응은 냉담한 편이었다. 무언가에 좀처럼 열광하지 않고 늘 시니컬하게 바라보기를 좋아하는 파리지엥들의 기질 때문이기도 하겠지만, 근본적인 것은 클럽의 역사가 짧고 그 창단 과정도 기존 팀들의 합병에 의해 이뤄지는 등 '파리의 클럽'이라는 정통성이 부족했기 때문이었다. 특히 까날 플러스의 대대적인 지원 때문에 늘 PSG의 활약을 지켜보면서도 반신반의했던 파리 시민들은 PSG가 자국 감독의 지휘 아래 사상 최초로 유럽컵을 석권하자 드디어 마음을 열기 시작했다.

반면 자신들의 갑작스런 몰락과 그 자리를 거짓말처럼 메운 PSG의 활약을 지켜봐야 했던 OM의 축구팬들은 PSG에 대한 분노만 키우게 되었다. 그들은 OM와 타피에에 대한 각종 비리 혐의가 정치적 음해라고 생각했고, 그 이면에는 PSG와 그 스폰서인 까날 플러스가 있다고 믿기에 이르렀다. 비록 타피에는 옥살이를 마치고 시인이자 영화배우 그리고 텔레비전 쇼 진행자로 화려하게 부활했지만 OM는 그 이후 단 한 번도 우승컵을 차지하지 못했다. 이 때문에 OM 팬들은 팀이 1부 리그에 복귀한 지금까지도 자신들을 일순간에 '몰락시킨' PSG에 대한 분노를 담은 채 오늘도 경기장에서 맹렬한 응원을 하고 있는 것이다.

참고문헌

Brink, Guido & Kopiez, Reinhard, *Fussball Fangesaenge : Eine FANomenologie,* Koenighausen & Neumann, 1998.

Brown, Adam, ed., *Fanatics! : Power, Identity & Fandom in Football,* Routledge, 1998.

Ek, Ralf, *Hooligans : Fakten, Hintergruende, Analysen,* Cicero Verlag, 1996.

Goldstein, Dan, *European Football,* The Rough Guide, 1997.

Hamil, Sean, ed., et al, *Football in the Digital Age,* Mainstream Publishing, 2000.

Müller-Möhring, Michael, *1000 Tips Europacup*, Klartext, 1997.

Thrills, Adrian, *You're Not Singing Anymore*, Ebury Press, 1998.

축구의 문화사

| 펴낸날 | 초판 1쇄 2004년 5월 15일 |
| | 초판 5쇄 2013년 10월 31일 |

지은이	이은호
펴낸이	심만수
펴낸곳	(주)살림출판사
출판등록	1989년 11월 1일 제9-210호

주소	경기도 파주시 문발동 522-1
전화	031-955-1350 　팩스 031-624-1356
기획 · 편집	031-955-4662
홈페이지	http://www.sallimbooks.com
이메일	book@sallimbooks.com

| ISBN | 978-89-522-0227-7 　04080 |

089 커피 이야기   eBook

김성윤(조선일보 기자)

커피는 일상을 영위하는 데 꼭 필요한 현대인의 생필품이 되어 버렸다. 중독성 있는 향, 마실수록 감미로운 쓴맛, 각성효과, 마음의 평화까지 제공하는 커피. 이 책에서 저자는 커피의 발견에 얽힌 이야기를 통해 그 기원을 설명한다. 커피의 문화사뿐만 아니라 커피에 대한 일반적인 정보 및 오해에 대해서도 쉽고 재미있게 소개한다.

021 색채의 상징, 색채의 심리

박영수(테마역사문화연구원 원장)

색채의 상징을 과학적으로 설명한 책. 색채의 이면에 숨어 있는 과학적 원리를 깨우쳐 주고 색채가 인간의 심리에 어떤 작용을 하는지를 여러 가지 분야의 사례를 통해 설명한다. 저자는 색에는 나름대로의 독특한 상징이 숨어 있으며, 성격에 따라 선호하는 색채도 다르다고 말한다.

001 미국의 좌파와 우파   eBook

이주영(건국대 사학과 명예교수)

진보와 보수 세력의 변천사를 통해 미국의 정치와 사회 그리고 문화가 어떻게 형성되고 변해왔는지를 추적한 책. 건국 초기의 자유방임주의가 경제위기의 상황에서 진보-좌파 세력의 득세로 이어진 과정, 민주당과 공화당의 대립과 갈등, '제2의 미국혁명'으로 일컬어지는 극우파의 성장 배경 등이 자연스럽게 서술된다.

002 미국의 정체성 10가지 코드로 미국을 말하다   eBook

김형인(한국외대 연구교수)

개인주의, 자유의 예찬, 평등주의, 법치주의, 다문화주의, 청교도 정신, 개척 정신, 실용주의, 과학·기술에 대한 신뢰, 미래지향성과 직설적 표현 등 10가지 코드를 통해 미국인의 정체성과 신념을 추적한 책. 미국인의 가치관과 정신이 어떠한 과정을 통해서 형성되고 변천되어 왔는지를 보여 준다.

058 중국의 문화코드

강진석(한국외대 연구교수)

중국의 핵심적인 문화코드를 통해 중국인의 과거와 현재, 문명의 형성 배경과 다양한 문화 양상을 조명한 책. 이 책은 중국인의 대표적인 기질이 어떠한 역사적 맥락에서 형성되었는지 주목한다. 또한, 구체적이고 실제적인 여러 사물과 사례를 중심으로 중국인의 사유방식에 대해 설명해 주고 있다.

057 중국의 정체성 `eBook`

강준영(한국외대 중국어과 교수)

중국, 중국인을 우리는 과연 어떻게 이해해야 하나? 우리 겨레의 역사와 직 · 간접적으로 끊임없이 영향을 주고받은 중국, 그러면서도 아직까지 그들의 속내를 자신 있게 말할 수 없는, 한편으로는 신비스럽고, 한편으로는 종잡을 수 없는 중국인에 대한 정체성을 명쾌하게 정리한 책.

015 오리엔탈리즘의 역사 `eBook`

정진농(부산대 영문과 교수)

동양인에 대한 서양인의 오만한 사고와 의식에 준엄한 항의를 했던 에드워드 사이드의 오리엔탈리즘. 이 책은 에드워드 사이드의 이론 해설에 머무르지 않고 진정한 오리엔탈리즘의 출발점과 그 과정, 그리고 현재와 미래의 조망까지 아우른다. 또한 오리엔탈리즘이 사이드가 발굴해 낸 새로운 개념이 결코 아님을 역설한다.

186 일본의 정체성 `eBook`

김필동(세명대 일어일문학과 교수)

일본인의 의식세계와 오늘의 일본을 만든 정신과 문화 등을 소개한 책. 일본인을 지배하는 이데올로기는 무엇이고 어떤 특징을 가지는지, 일본을 주목해야 하는 이유는 무엇인지 등이 서술된다. 일본인 행동양식의 특징과 토착적인 사상, 일본사회의 문화적 전통의 실체에 대한 분석을 통해 일본의 정체성을 체계적으로 살펴보고 있다.

261 노블레스 오블리주 세상을 비추는 기부의 역사

예종석(한양대 경영학과 교수)

프랑스어로 '높은 사회적 신분에 상응하는 도덕적 의무'를 뜻하는 노블레스 오블리주. 고대 그리스부터 현대까지 이어지고 있는 노블레스 오블리주의 역사 및 미국과 우리나라의 기부 문화를 살펴보고, 새로운 시대정신으로 노블레스 오블리주를 부활시킬 수 있는 가능성을 모색해 본다.

396 치명적인 금융위기, 왜 유독 대한민국인가 eBook

오형규(한국경제신문 논설위원)

이 책은 전 세계적인 금융 리스크의 증가 현상을 살펴보는 동시에 유달리 위기에 취약한 대한민국 경제의 문제를 진단한다. 금융안정망 구축 방안과 같은 실용적인 경제정책에서부터 개개인이 기억해야 할 대비법까지 제시해 주는 이 책을 통해 현대사회의 뉴노멀이 되어 버린 금융위기에서 살아남는 방법을 확인해 보자.

400 불안사회 대한민국, 복지가 해답인가 eBook

신광영(중앙대 사회학과 교수)

대한민국 사회의 미래를 위해서 복지는 선택이 아니라 필수라고 말하는 책. 이를 위해 경제 위기, 사회해체, 저출산 고령화, 공동체 붕괴 등 불안사회 대한민국이 안고 있는 수많은 리스크를 진단한다. 저자는 사회적 위험에 대응하기 위한 복지 제도야말로 국민 모두의 삶의 질을 높일 수 있는 길이라는 것을 역설한다.

380 기후변화 이야기 eBook

이유진(녹색연합 기후에너지 정책위원)

이 책은 기후변화라는 위기의 시대를 살면서 우리가 알아야 할 기본지식을 소개한다. 저자는 기후변화와 관련된 핵심 쟁점들을 모두 정리하는 동시에 우리가 행동해야 할 실천적인 대안을 제시한다. 이를 통해 독자들은 기후변화 시대를 사는 우리가 무엇을 해야 할 것인지에 대하여 생각해 볼 수 있을 것이다.

eBook 표시가 되어있는 도서는 전자책으로 구매가 가능합니다.

(주)살림출판사
www.sallimbooks.com
주소 경기도 파주시 문발동 522-1 | 전화 031-955-1350 | 팩스 031-955-1355